管理者が知らないでは
済まされない！

法的トラブルを防ぐ

介護現場の
コンプライアンス
ケーススタディ

研修や指導に使えるポイント解説付

［著］森崎 のりまさ
［監修］弁護士 島田 浩樹

テンプラ？

第一法規

はじめに

　近年『コンプライアンス違反』や『ハラスメント』という言葉をニュースなどでもよく耳にするようになりました。

　企業が訴えられていたり、指定取り消しなどの行政処分を受けていたりなどの残念なニュースも多い印象があります。

　大手企業や大手芸能プロダクションなども事業が継続できなくなるほど、コンプライアンス違反から大きな問題に発展しています。介護保険事業も同じです。

　十数年ほど前なら、少々のことでは訴えられなかった出来事も今は SNS で大炎上、多額の賠償請求や会社の倒産の危機なども考えられる時代に変わってきているのです。

　私は、介護業界で 15 年ほど管理職を務めましたが、なりたての頃は正直言ってコンプライアンスなど全く気にしていませんでした。

　介護に対する熱い想いはありましたが、それだけでなんとかなると思い込んでいました。

　そんな中、某介護大手企業の不正請求が発覚し、一斉監査が入るといったニュースが飛び込んできました。私が勤めている会社の不正請求ではなかったのですが、介護大手企業の数十社にも運営指導（当時は実地指導）が入ることとなり、私の事業所にも入りました。

　とても緊迫した中で指導を受けたことを今も覚えています。何も知らない、何も気にしていないと言うことが恐怖や不安になった瞬間でした。

　ここまで聞くとただ怖がらせるだけの話で終わってしまいますが、コンプライアンスは怖いものではありません。

　そもそも、コンプライアンスは利用者やスタッフを守るためはもちろん、事業をよりよくするためのルールでもあるからです。

介護保険事業は、介護保険法に基づき運営しなければならない事業です。

当然コンプライアンス違反は許されません。しかし、定期的に行政が運営状況をチェックする『運営指導（旧実地指導）』は、事業がより良く運営できるように指導してくださるものです。

行政も決して悪い部分を見つけて吊し上げようとは思っていません。

私も過去に気づかないところでコンプライアンス違反をしていて、指導を受けたことがあります。私が知らなかったために沢山の方に迷惑をかけてしまったのです。とても情けない気持ちになったのですが、指導を受けて改善していくうちに、自信を持って堂々と運営できるようになりました。その結果、苦情も減り、スタッフの定着率も上がりました。

コンプライアンス違反で事業が指定取消になって困るのは事業所だけではありません。利用者はサービスを受けられなくなり、スタッフは仕事を失い、関係者が困ってしまいます。

スタッフはコンプライアンス一つで仕事がなくなるとまでは想像していない人が多いことでしょう。スタッフから「これくらい、いいんじゃないの？」と言われるかもしれません。

そのような場合に、本書を活用して知識を得て、研修やミーティングなどを行い、事業所の運営を見つめ直すきっかけにしていただければ幸いです。

本書は、よくあるコンプライアンス違反事例をもとに、最低限押さえておくべき法的リスクやとるべき行動をケーススタディで解説しています。

くり返し学んでいただき、コンプライアンスを意識した、より良い介護事業所になりますことを願っております。

2024 年 2 月
ポジティブハッピーランド
森崎 のりまさ

INDEX

はじめに

第1章 あまく見ると痛い目に遭うコンプライアンス

Intro 01 なぜコンプライアンスを守る必要があるの？ ……………… 2

Intro 02 離職と法的トラブルの関係性 ……………………………… 4

CASE 01 報告しづらいことは後回し… ……………………………… 6

CASE 02 事業所のものは自分のもの？ ……………………………… 10

CASE 03 プライベートは関係ない？ ……………………………… 14

CASE 04 連絡もなく遅刻、仕事中に私用メール……………………… 17

第2章 個人情報・情報の取扱い・SNS

CASE 05 「これくらいなら大丈夫」から始まる情報漏えい ………… 22

CASE 06 SNSの活用と注意点 ………………………………………… 26

CASE 07 知人と名乗る人から利用者の連絡先を聞かれたら？ ……… 31

CASE 08 誰も見てない？聞いてない？ …………………………… 34

CASE 09 パスワードを忘れないように…PC管理上の注意点……………… 38

第3章　職場における人権尊重

CASE 10　どこを切っても誤解を生まない言葉で伝える …………………… 44

CASE 11　ネガティブな冗談は言わない …………………………………… 48

CASE 12　愚痴に同調したら私が言っていたことに！？ …………………… 51

CASE 13　見せしめとしての公開説教！これってパワハラ？ …………… 54

CASE 14　後輩とのコミュニケーションのつもりがセクハラに？………… 58

CASE 15　同僚の妊娠報告に「休まれるとしわ寄せがくる」発言… …… 61

CASE 16　利用者からの暴言！これって耐えなきゃいけないの？………… 65

CASE 17　LGBT 等に関する差別的な言動とは？ ………………………… 69

第4章　虐待・身体拘束防止

CASE 18　手首を握ったら虐待？ …………………………………………… 74

CASE 19　親しみを込めて「○○ちゃん」と呼んだらクレームに！？ … 78

CASE 20　転倒事故を防ぎたいのに身体拘束してはダメ… ……………… 82

CASE 21　「ちょっと待って！」は言葉の拘束（スピーチロック）………… 86

第5章　知的財産権

CASE **22**　施設内で貼り出すだけなら …………………………………… 92

第6章　就業規則と労働法規

CASE **23**　忙しい時期に有給休暇！？ ……………………………………… 96

CASE **24**　「みんなのために」と勝手に働いても大丈夫なの？ ………… 99

CASE **25**　不摂生からの体調不良…体調管理も仕事なの？ …………… 103

CASE **26**　熱があるのに無理して出勤 ……………………………………… 106

CASE **27**　重大事故を防ぐ「ヒヤリハット報告書」……………………… 110

CASE **28**　頼まれたことは喜んで？ ………………………………………… 114

おわりに

第 1 章

あまく見ると痛い目に遭う
コンプライアンス

Intro01：なぜコンプライアンスを守る必要があるの？

●コンプライアンスとは何か

　コンプライアンスとは『**法令遵守**』のことを指します。介護業界の場合、介護保険サービスを提供する指定事業者が介護保険法などの法令を遵守しなかった場合、コンプライアンス違反となります。

　法令に従うことはもちろんですが、介護は『**人と深く関わる仕事**』です。相手との信頼関係を築くためにも、約束を守ることや社会のルールを守ることなども遵守すべきことに該当します。

　コンプライアンスを守った運営は、**利用者やご家族のみならず、地域の方々や行政などから信頼される**こととなります。また**スタッフからの信頼も得られます**。それにより、顧客満足度の向上から売上の増加、従業員満足度の向上から人材不足の解消など、相乗効果が期待できます。

　違反した場合は罪に問われるから、といった理由だけでコンプライアンスを守る事業者もいますが、**職場環境を良くするためにも大切なこと**なのだと理解しておきましょう。

●コンプライアンス違反の種類

　コンプライアンス違反には大きく分けて2つのタイプがあります。

　それは『**利用者やご家族に対しての違反**』『**従業員間で発生する違反**』です。

　『**利用者やご家族に対しての違反**』は**介護保険制度**によるものが多く、重大な違反が発覚した場合は介護事業所の**指定取り消し**になる場合もあります。

　『**従業員間で発生する違反**』は**労働関係法令にかかる**ものが多く、違反した場合は労働基準監督署による**行政指導や刑事処分**を受けることにもなります。

●スタッフ一人ひとりがコンプライアンスの意識を持つ

　管理職に管理責任があるとはいえ、管理職だけがコンプライアンスを意識したところで事業所全体を大きく変えることはできません。そして、スタッフ間での常習的なコンプライアンス違反は、**一度でき上がってしまうと元に戻すことが困難**になります。

　例えるならダイエットと同じです。一度身に付いた脂肪は簡単には元に戻せません。また、やせるための知識はあってもダイエットが**習慣化されていなければ、ゆるい方へ流されていく**ものです。

　スタッフのコンプライアンスへの意識も同じことが言えます。「これくらいならいいだろう」と一人が意識をゆるめてしまえば、二人三人と**ゆるい方へ流されていくこと**となります。

　スタッフには常にコンプライアンスの意識を持ってもらうため、定期的に**コンプライアンス研修**を行ったり、朝礼などの場で常々**伝え続ける**ことが大切です。「一度伝えたから大丈夫」なんてことはありません。

　管理職が何度も何度も伝え続けてやっと自分事として受け入れ、意識を持つことが習慣化されるのです。

Intro02：離職と法的トラブルの関係性

●離職率が高い事業所の共通点

　スタッフが離職する際の理由はいろいろありますが、主なものを挙げると『(賃金を含め) 労働条件が悪い』『(上司との関係を含め) 人間関係が悪い』『仕事 (ここの職場) にやりがいを感じない』といったところでしょう。

　一見するとコンプライアンスとは関係のないように思われるかもしれません。しかし、すべてとまでは言えませんが、**コンプライアンスの問題から派生して起きているものが往々にしてある**のです。

　たとえば、休憩のタイミングが曖昧になっていて、スタッフによって休憩時間がバラバラだったとしましょう。するとスタッフによっては「こんな労働条件では続けられない！」や「あの人はいつもズルい！」や「きちんとしていない職場だから、もうやる気がなくなった…」などの気持ちが生まれます。

　それが、最終的に離職の原因となるのです。

　「たったそれだけのことで？」と思った方は要注意です。それくらいのことから離職につながります。**コンプライアンスのちょっとした問題を放置したがために、大きく崩れていく**のです。

●クレームをも左右するコンプライアンス

　先ほどの話は対スタッフでしたが、対利用者や対利用者家族でも同じことが言えます。**コンプライアンス違反があると利用者は不安になります**。不安が積み重なった状態で、利用者にとって嫌な出来事が起きてしまったらクレームへと発展します。

　また、利用者に喜んでもらおうとしてコンプライアンス違反をするスタッフがいますが、こちらのパターンでも結局は同じです。「この事業所は大丈夫なのか？」と不安をあおることにもなりかねませんし、今まで喜んでいたはずの利用者家族であっても**クレームとなれば、手のひらを返すように過去**

の違反を責めてくることもあります。

　大切なことは、たとえ利用者が喜んでいたとしても**コンプライアンス違反であればスタッフを注意して改善する**ことです。

　コンプライアンスを守るための判断ならば、利用者からクレームがきても毅然とした態度で対応できます。しかし、コンプライアンスを守っていなければどうでしょう？**毅然とした態度もとれず利用者との関係の修復が難しくなります。**

　対スタッフでも対利用者でも法的トラブルに発展させないために、**コンプライアンスを意識し、スタッフとともに学び続ける姿勢**が大切です。

CASE 01

　介護スタッフのKさんは利用者Tさんのケア中、介助に失敗してTさんは**車いすに肘をぶつけてしまいました**。「大丈夫ですか？」と確認するとTさんからは「大丈夫よ」との返事。Kさんは「少し赤くなっているけど、傷もないし大丈夫かな」と判断しました。

　事務所に戻って状況を報告しようかと思ったら、上司も先輩も忙しそう…。なんとなく言いにくいこともあり、**後日報告しようと帰宅**しました。

　そして、後日出勤して報告しようと思ったら、『Tさんのご家族からクレームがあった』と上司から呼び出され、「その時に報告しようと思ったんですが…」とKさんが話すと、すかさず上司から「**なんで早く報告しないんだ！**」と叱られてしまいました。

解説

　自分のミスで起きた事故やクレームは報告しづらいものです。忙しそうにしている上司の手を止めてまで報告するのは勇気がいることと思います。しかし、事故やクレームのような報告しづらいことこそ早く報告して対処する必要があるのです。

　あきらかに大ケガをした場合や事故については報告しなければいけないと感じるかもしれませんが、小さなことであっても報告は必要です。報告を怠ったがために「隠していた」と思われ、大きなクレームに発展することも考えられます。

●介護中の事故は報告の義務がある

　介護中に事故があった場合、スタッフは事業所に報告する義務があります。**また、死亡事故や医師の診断を受けて治療が必要だと判断された場合**、介護事業所は5日以内に**市町村へ報告する**義務があります。

　小さな事故の場合は市町村への報告の必要はありませんが、事業所は**事故報告書**を作成し保管する義務があります。また、事故にいたらなかった場合であってもヒヤッとしたことは**ヒヤリハット報告書**を作成します。

●報告が遅いことで不信に思われる

　事故があったのであれば、利用者に大丈夫と言われても**利用者家族に報告**する必要があります。

　利用者家族は普段どのようなケアをされているのか見えていないため、**不安に思っている**場合があります。そのような中で報告が遅かったり報告がなかったりすると利用者家族からは**不信に思われる**結果となります。

> 事故やヒヤッとしたことは、すぐに報告する
> 早く正確に報告することが、利用者家族に対しての誠意となる

問題なことほど早く報告しましょう

　事例のような事故だけではなく、「これっていいの？」と思うようなスタッフの対応など、**マズいと感じることほど報告しづらい**もの。しかし、そのようなことを放ったらかしにしていては何も解決しないどころか**悪くなる一方**です。

　利用者家族との信頼関係を築くためにも、職場環境を良くするためにも、**報告することは介護スタッフの大切な業務**です。

報告はみんなのためであり自分を守るため

　介護中の事故は報告義務がありますが、報告する目的は３つあります。

①事故や苦情をスタッフ全体で共有するため

②今後の対応を見直し再発防止に努めるため

③スタッフや事業所を守るため

　上記の目的からわかるように、事故を起こした当事者をとがめるためではないのです。また③ですが市町村に報告することで、万が一訴訟へと発展した場合でも、事実と異なる話にすり変えられて**大きなトラブルに巻き込まれることを防ぎます**。市町村への事故報告は**自分たちの身を守るため**でもあるのです。

伝え方のコツ

　報告することに対し「面倒くさい」や「怒られる」といったネガティブな印象を持っているスタッフが多いと思います。**「早く報告することは良いこと」**という認識を持ってもらう必要があります。

　「事故が起きた事実を市町村に正確に早く報告することが、**みんなを守ることになるんだよ**」と伝えましょう。

管理職としてのとるべき行動

　報告に対しては「教えてくれてありがとう」と**感謝を伝える**ことから始めます。また、事故やクレームに対し『ダメな点』を伝えるのではなく、『**これからは、どうしたらよいのか？**』を考えてもらうように話しましょう。

　事故にいたった問題点にばかりスポットを当ててしまうと、スタッフはとがめられていると感じます。そして、自信がなくなったり事故の原因を誰かのせいにしてしまったりして、チームワークが乱れる原因にもなりかねません。

　また、管理職が忙しそうにしていると報告しづらくなるものです。暇そうにとまではいかないにしても、**落ち着いた態度**を心がけて話しかけやすい雰囲気を作りましょう。スタッフに「今お時間良いですか？」と聞かれた時には「大丈夫ですよ」と伝え、決して**「忙しいから無理」とは言わない**ようにしましょう。

　もし、予定があるのであれば一言目ですぐに断らず、急ぎの用件かの確認をした上で、「〇分まで待ってくださいね」と**必ず聞く姿勢**をみせましょう。

CASE 02

　ヘルパーのＡさんは事業所内にある**スタッフ用の筆記用具類を許可なく自宅へ持ち帰り**、私物化しています。そして「一枚くらいならいいよね」と言い、コピー機で**私用のコピー**をしました。

　そして、通勤交通費を少しでも浮かせようと電車通勤から自転車通勤に変更しましたが、**事業所には報告せず**、電車の交通費を受け取っていました。

解説

　事業所内にあるスタッフ用の筆記用具類。こちらは、あくまでも業務で使用するための物品です。コピー用紙も同じです。事業所が費用を負担している財産ですから、私的に利用することはできません。**無断で持ち帰ることは窃盗や横領**になります。

　また、勝手に通勤方法を変更し、実際にはかかっていない交通費を請求することは、**事業所をあざむく詐欺行為**です。金額の多い少ないにかかわらず、このような行為は犯罪です。

●文房具も事業所の財産

　会社の備品は、原則として**会社に所有権**があります。スタッフは、業務上で備品の使用を許されているにすぎません。

　備品には、スタッフ同士で共用するもの（パソコンやコピー機など）と、各自に貸し出されているもの（ボールペン、制服など）です。

　前者の備品は、勝手に私物化すれば**窃盗罪（懲役10年～罰金1万円）**に問われることになります。

　また、後者の貸し出されている備品を私物化することは、**業務上横領罪（懲役10年～懲役1カ月）**となり得ます。

●訪問先の利用者宅でも同じ

　利用者宅も会社と同じことが言えます。ケアを行うために必要な水や電気、トイレットペーパーやティッシュなどは、**利用者に所有権がある財産**です。

　利用者宅の電源を使って携帯電話の充電をするなど、ケアとは関係のない私用で使ってはいけません。

●交通費の申請

　通勤手当の不正受給は『**不当利得**』に当たるため、**返還義務があります（民法703条、704条）**。不正が発覚したら、これに基づき全額の返還を求められることになります。

また、不当利得返還請求の時効は原則10年ですので、**不正を始めた当時までさかのぼって請求される**場合があります。

> **仕事で使用する備品類は自分の物ではない**
> **備品の私物化は犯罪である認識を持つ**

事業所の備品は会社からの貸与であると認識しましょう

ボールペンなどの備品は会社から『もらった』気になるかもしれませんが、実際には『**貸し出されている**』だけです。最終的には返却する前提で使用しましょう。**私物化しない**のはもちろん、**丁寧に扱うこと**も大切です。

自分の物には氏名を記入しましょう

自身が購入した自分専用の物には名前を付けるようにしましょう。会社の備品と区別がつかず、他のスタッフに誤解される場合があるためです。

また、間違って**他のスタッフが使用してしまうことも防ぎます**。

通勤経路や交通費は正確に申告しましょう

通勤経路を申告するのは交通費の問題だけではありません。会社は通勤経路を把握することで、通勤中に事故があった場合の対応など、**スタッフを守るために知っておく義務があります**。引っ越しなどで通勤経路が変わったのならすぐに申告しましょう。

伝え方のコツ

まずは「**備品類の私物化は犯罪になるんだよ**」とストレートに伝えましょう。厳しい言葉に聞こえるかもしれませんが、ちょっとした備品から大きな物へとエスカレートすることも考えられます。大きなことになってしまうと、本人だけの問題ではなく、**会社全体にも影響する事態になりかねません**。

そうなると、本当にスタッフが犯罪者として刑事罰を受けることになってしまいます。スタッフを守るためにも、何も起きていない今のうちに認識し

てもらうことが重要です。

　そうすることで注意しやすくなりますし、スタッフ間で「知らなかった」ということのない状況になるため、**スタッフの目が職場内の抑止力となります**。スタッフ間で本人には直接言いにくいという場合は、管理職に報告するように伝えておくのがよいでしょう。

管理職としてのとるべき行動

　私物との区別がつくように、ボールペンなどの備品には**会社の物と分かるように印を付けたり、すべて同じタイプのボールペンにする**など、見てわかるようにしましょう。スタッフも意識せず、知らないうちに持って帰ってしまうこともあります。そんな時に気づきやすい工夫をすることも大切です。

　また、犯罪だからと管理職が目を光らせて意識しすぎると、スタッフにはとても息苦しい職場になってしまいます。見かけても、いきなり犯罪者扱いをせず「これは会社の物だって知ってるかな？」「間違えて持って帰っちゃった？」と、**まずは本人に罪のない前提で話しかけるようにしましょう。**

　利用者宅の場合は見えないことが多いため、特に注意が必要です。貴重品などが目につくところに置いているような場合、**スタッフの目につかない場所に置いてもらうように利用者にお願いします。**

　また、買い物などでお金が必要な場合は財布の中身を必要最低限にしてもらいます。買い物後は、**利用者と一緒にレシートとおつりを照らし合わせて確認する**ようにします。ご家族からも見て分かるように買い物ノートや訪問記録などにレシートと金額を記載します。

プライベートは関係ない？

デイサービスに勤める介護スタッフの N さん。勤務中は業務をテキパキとこなす、いわゆる仕事ができる人。しかし、プライベートでは車の運転が荒く、最近は**スピード違反で罰金を払ったところ**だそう。

N さんは「それは**仕事とは関係ないから問題ないでしょ**」と悪びれる様子もありません。相変わらず車の運転は荒く、スピード違反は今も続いているとのことです。

解説

今回の事例は仕事とは関係のないプライベートな部分での違反です。とは言え、社会人として**プライベートでも節度ある行動**をとる必要があります。

また、コンプライアンスには社会規範の遵守の意味も含まれているのです。

N さんが勤める会社は、介護を通して社会に貢献している会社です。そのため、N さんはプライベートな時であっても一個人ではなく、**会社組織の一員としての行動**が求められます。スタッフの行動一つで**社会に対して悪い影響**をもたらす場合があるのです。

そのようにして考えると、車のルール違反やマナー違反は勤務中だけ意識していれば良いのではなく、プライベートでも意識する必要があります。

●プライベートであっても違反はダメ

仕事とは直接関係がないプライベートなことであっても、社会的に守らなければいけないルールであれば、会社組織の一員として守る必要があります。これは、会社のイメージダウンにもつながります。だからといって会社を守るためだけではありません。これは**自分自身を守るためでもある**のです。

●社会規範の遵守も心がける

では、法的に罰せられる行為でなければ何をやっても良いのかというと、そうではありせん。違反ではないが、いわゆる**迷惑行為**といわれるものも含み『**社会規範の遵守**』を心がける必要があります。

迷惑行為がひどい場合は被害者から訴えられる場合があります。それが大きな話に発展すると、仕事ではスタッフを守る立場の会社も**迷惑行為をしているスタッフを守ることはできません。**

それどころか、内容によっては**会社も被害者となります**ので、会社にとってもスタッフにとっても、どちらにも良くない結果となります。

> 仕事とは関係ないことでも違反はしないように心がける
> 迷惑行為なども同じであると認識する

社会の一員であることを意識しよう

会社のスタッフとして働いている以上、社員であれパートであれ、社会の中で働く『社会人』であることに変わりありません。

社会人は、社会の一員なのですから『**会社の関係者にだけ**』や『**勤務時間中だけ**』の行動や言動を意識すれば良いのではありません。

迷惑行為の感じ方は人それぞれだと認識しましょう

迷惑行為と一言でいっても、「迷惑なのかどうか?」や「これくらいなら問題ないだろう」といった個人の感覚によって、**迷惑行為の感じ方にバラつきがある**かもしれません。

そのため、まずは**自身が良くないと思うことはやらないこと。**そして、他者が嫌がっていることや、「ダメだ」と注意されたことなどは、自分はそうは思わなくても、**相手の考えを受け入れる姿勢**を持ちましょう。

「自分はそうは思わないから」といって自分の態度を改めないようでは、「**職場でも同じような働き方をする人**」というイメージがつきます。結果的に自

身にも悪影響となります。

伝え方のコツ

　仕事以外のプライベートな部分なだけに、管理職として意見することにためらいがあるかと思います。また、伝え方によってはパワハラと捉えられてしまうリスクもありますので、非常に難しい問題です。

　まずは「**コンプライアンスには社会規範の遵守の意味も含まれていること**」を知ってもらうことから始めましょう。

　また「そんなこと知ったこっちゃない」と言わんばかりのスタッフには「たった一人のスタッフのイメージから会社のイメージが左右されることもあるんですよ」と伝えた上で「最悪の場合は倒産することだってある。**どうせなら良いイメージを持ってもらいましょうよ。それは一番に、あなたのためになりますから**」と、**あなたのためが一番である**ことを理解してもらいましょう。

管理職としてのとるべき行動

　まずは**自分を律すること**です。スタッフを注意する前に自分自身のプライベートの見直しをしましょう。社会人として不適切なことはしていないか、普段からプライベートでも羽目を外しすぎず、自分を客観的に見るようにしましょう。

　いくらスタッフに指導していても、**自身の普段の行動がだらしないようであれば説得力がありません**。プライベートであっても管理職として、スタッフの見本になるような行動を心がけましょう。

連絡もなく遅刻、仕事中に私用メール

CASE 04

　グループホームに勤務する介護スタッフ I さん。今日は 9 時から出勤のはずが時間になっても現れません。**I さんからの電話連絡もなく、こちらから電話をかけても連絡がつきません。**

　みんなの心配をよそに「遅くなってすみませーん！」と 15 分の遅刻で I さんが出勤。

　そしてまた別の日の就業中、**I さんは業務の合間を縫ってスマホを触っています。**「何をしているのですか？」と聞くと「子どもからのメッセージに返事をしていたのよ」と答えました。

交代勤務のシフトが決まっている中でスタッフが遅刻をした場合、現場は遅刻したスタッフの分を他のスタッフで補うなどのフォローをしなければなりません。

Iさんは出勤時に他のスタッフへ謝罪していますが、社会人のマナーとして、**遅刻する場合は事前に連絡**をしておく必要があります。

また、就業中にスマホなどで**私用なメールを送信してはいけません**。就業時間中は職務に専念することとして職務専念義務を負っており、場合によっては懲戒処分の対象にもなります。

●遅刻がわかったら事業所へ連絡する

自宅を出る前や通勤途中で遅刻することがわかった場合、もしくは間に合わないかもしれないと判断したときは、**できるだけ早く事業所へ連絡する**ようにしましょう。

また、伝える内容は『遅れること』だけでなく、他にも『**遅刻の理由**』『**出社時間の目安**』『**業務の引き継ぎ**』などを伝える必要があります。

遅刻の理由は言い訳をせず、**簡潔に伝えましょう**。交通機関のトラブルによる遅刻の場合は、遅延証明をもらい上司に提出しましょう。

次に、**到着時間の目安を伝えましょう**。どれくらい遅れるのかを時間で伝えます。何分遅れるのかがわかることで、スタッフのフォローや今から業務をどのようにすれば良いのかが明確になります。

最後に**業務の引き継ぎ**ですが、先にやっておいて欲しいことや早く対応してもらいたいことは遅刻の連絡の際に伝えるようにします。遅刻による業務への支障を最小限にするため、引き継ぎは必ず行いましょう。

●就業中は私用のメールなどはしない

就業時間は職務に専念することとなっており、就業中の私用な電話やメールは**職務専念義務違反に該当します**。

しかし、子どもの保育園からの連絡や家族からの緊急の電話などもあるこ

とでしょう。日常生活の中で必要な連絡をする場合に限り、短時間で済ませることは事業所の判断で許されることもあります。

　こそこそとせず、必要な場合は**上司に事情を伝えた上で手短に済ませる**ように心がけましょう。

> 遅刻は業務に支障が出るのですぐに連絡する
> 緊急時を除き、就業中の私用メールなどはしない

遅刻の理由を正直に伝えよう

　言い訳などをしたくなるとは思いますが、遅刻の理由は**ごまかさず正直に伝える**ことが大切です。

　仮に寝坊であった場合に違う理由をつけてごまかしても何も解決しませんし、誰も得をしません。それどころか、どこかのタイミングで嘘だと分かったときに、大きく信用が崩れてしまいます。

　また、どのような理由であれ遅刻は自分の側の問題です。電車の遅延だから仕方ないと自分は思っていても、他のスタッフはそのように思わないかもしれません。そのように考えると、まず**スタッフに謝罪する**ことは大切です。

　そして、遅刻したことにより他のスタッフは普段よりもテキパキと臨機応変に動いています。臨機応変に動いてくれたスタッフに**感謝の気持ちを伝える**ことも忘れないようにしましょう。

スマホは気軽に使えるからこそ意識しよう

　スマホは多機能で、何でもできる便利なツールです。訪問介護であれば地図のナビゲーション機能や買い物の際の計算機、施設業務であっても利用者の症状などを検索して調べたり、記録を書く際の漢字を調べたり。このように多機能のスマホを使うことで、より良いケアにつながることもあります。

　しかし、その一方で就業中にスマホを私用に使っているかどうかを**パッと見ただけでは判断が難しい**ため、個々人が自ら意識して私用に使わないように努めなければなりません。

伝え方のコツ

遅刻がよくないことはほとんどのスタッフが知っていることと思います。それをわかっていても、どうにもならない事情もあるため、いくら気をつけても遅刻することはあります。

そのため、遅刻を責めるのではなく「遅れそうなときは必ず連絡してくださいね」と**無断で遅刻することだけはダメであること**を伝えます。

私用メールの場合は「急ぎの用で家族などに連絡したいときは一言声をかけてくださいね」と絶対にダメなのではなく、**緊急の場合はどのようにしたら良いのか**を伝えておきます。

管理職としてのとるべき行動

連絡せず遅刻してきたスタッフにいきなり怒ってはいけません。まずは、遅刻した理由を確認しましょう。そこで「なんで遅刻したの？」「なんで連絡しなかったの？」といった聞き方ではなく「どうしたの？大丈夫？」と相手を心配する気持ちも伝え、理由を確認します。

なぜなら、相手は遅刻の連絡がどうしてもできない状況だったのかもしれないからです。このように確認すると、責められている気持ちにならないため、遅刻の理由が話しやすくなります。

遅刻はいけないことではありますが、その問題以上に**遅刻の連絡がなかったことが問題であること**を伝えて、認識してもらいます。遅刻の連絡があれば事前に業務の振り分けなどができ、他のスタッフへの負担も少なくて済むようになります。**遅刻の連絡をすることの大切さ**を理解してもらいましょう。

就業中の電話やメールについては、時と場合によって良い悪いがあるかと思います。事業所内で**基本的なルールを定めておく**と良いでしょう。緊急で連絡を取る際は、上司に必ず声をかけることや電話やメールをしても良い場所を決めておく、連絡は短時間（何分まで）で済ませることなど。

万が一、緊急で家族に連絡を取らないといけないことがあっても**スタッフが安心できるようにしておきましょう。**

第 2 章

個人情報・
情報の取扱い・SNS

「これくらいなら大丈夫」から始まる情報漏えい

　デイサービスで働く介護スタッフのKさんは、自他ともに認める倹約家。利用者との工作やレクリエーションなどの備品はティッシュの空箱や新聞などを再利用する徹底ぶり。

　仕事で使うメモも**ミスプリントの書類の裏紙を束ねて使用**しています。中には**個人情報**が書かれている書類の裏紙もあるようで…Kさんは「自分用のメモだし、これくらいなら大丈夫でしょ」といった様子。

　しかし、利用者の送迎中に外で落としてしまい、**個人情報が流出**してしまいました。

解説

　介護事業は利用者の病歴や家族構成など、**普段は知ることのない個人情報**を取り扱う事業です。経費節約やSDGsの観点からは用紙の再利用は良いことのように感じるかもしれませんが、**裏紙は特に注意が必要**です。

　介護業界では、個人情報を日常的に取り扱うため「裏紙くらいなら大丈夫だろう」と個人情報を軽く見てしまいがちかもしれません。しかし、この行為が情報漏えいへと発展する可能性があります。ささいなことと感じるかもしれませんが、個人情報が流出してからでは**止めることができず**、手遅れとなってしまいます。

● 紙媒体での情報漏えいのリスク

　介護業界に限らず情報漏えいの事故は起きており、どんなに徹底しているつもりでも事故が起きているのが現状です。また、メールやフラッシュメモリなどの電子媒体だけではなく、**紙媒体での情報漏えい事故も多く**、書類などの取扱いには十分に注意する必要があります。

● 裏紙の再利用は施設内使用でも危険

　裏紙の再利用が絶対にいけないとまでは言えません。しかし、利用者の個人情報を取り扱う介護事業において、裏紙の再利用は個人情報かどうかの分別が必要であり、**間違って個人情報が混ざる**ことも考えられます。

　そして、「施設内でしか使わないから、これくらいなら大丈夫」と思っていても、何かの拍子に紛失することや外に渡ることも考えられます。

　セキュリティ面を第一に考えると、**裏紙の再利用は避ける方が無難**です。

> 介護は重要な個人情報を取り扱っている仕事である
> 施設内利用であっても裏紙の再利用は避ける

個人情報はシュレッダーにかけて処分しよう

介護事業に関わる書類は個人情報に当たるため、ミスプリントなどの場合は**すぐにシュレッダーにかけて処分**しましょう。また、保存期間を終えた書類は、適切に廃棄しましょう。

廃棄するには、シュレッダーでも構いませんが機密情報廃棄業者を利用する方法もあります。業者に任せることで、より安全に書類を廃棄することができます。

個人情報かどうか？ではなく情報は外に出さない

介護スタッフにはどの書類が個人情報なのか判別しにくいものもあるかと思います。仮に個人情報でなくても施設内の機密情報も多いため、必要時を除き、施設内の情報に関わるものはすべて**外に出さない**ようにしましょう。

業務などで必要に応じて書類を持ち出す場合は、**持ち出したことが分かるように**しましょう。また、戻って来たらすぐに**元の位置に戻しましょう**。

書類の保管は、**鍵付きのキャビネット**に保管するようにします。

伝え方のコツ

個人情報取扱いのルールを決めて、スタッフと共有しましょう。「これくらいなら大丈夫だと思った」といったことにならないよう、朝礼や会議の場などで個人情報の取扱いに関する**ルールを定期的に伝えて浸透させましょう**。

裏紙の使用に関しては「紙がもったいない」といった声もあるかと思いますが、「個人情報を守ることは**事業の存続に関わる重大なこと**」と伝え、個人情報に対して意識してもらうようにしましょう。また「個人情報はすぐシュレッダーにかけて破棄しましょう」と伝えて、**不要な書類を残しておかない**ように指導しましょう。

管理職としてのとるべき行動

キャビネットの鍵は、つけっぱなしにせず、**終業時は鍵を閉めておきます**。

業務上、社用のスマートフォンやタブレットを外に持ち出す場合は、業務

に関係ない場所に**立ち寄らず事業所に戻る**など、紛失しないためのルールを作りましょう。

　また、スタッフの雇用契約時に利用者の個人情報保護に関する**誓約書を取り交わしておくこと**も重要です。そうすることで、ルールを守っていないスタッフへ注意しやすくなります。

　万が一、個人情報の漏えいが発生し個人の権利利益を害するおそれがあるときは、**本人やキーパーソンへの通知及び個人情報保護委員会への報告**をする義務があります。

　報告の内容は『**漏えい事案の概要**』『**個人情報の項目**』『**事案の原因**』などです。文書やメールなどで報告します。

SNS の活用と注意点

CASE **06**

　特別養護老人ホームで働く介護スタッフのAさん。業務上の**情報共有のために介護スタッフのLINEグループに入ること**をすすめられ、入ることにしました。

　また同僚のBさんから、SNSアカウントを聞かれ、断れずに教えてしまったら、「昨日は息子さんと焼肉に行ったのね」と職場で**話題にされてしまい嫌な気持ち**になりました。

　さらにBさんは職場のイベントの様子などを**個人的にSNSで投稿している**様子。

　それを知ったAさんが「勝手に投稿して大丈夫？」と聞くと、「ホームページでもお知らせしているイベントだから大丈夫よ」という返答。本当に大丈夫なのでしょうか？

解説

　スマホの普及により、連絡などのやり取りでよく使うようになった SNS。便利になった分、**使い方を間違うとトラブルの元**にもなります。

　個人的なやり取りをする分にはまだしも、仕事でのやり取りをする場合は慎重にしなければなりません。

　また、個人的に仲良くなったとしても SNS で知り得た**プライベートな情報を他のスタッフに話すこと**はプライバシーの侵害にも当たります。

　SNS の投稿は、たくさんの人に見てもらいたいと思っている人と、仲の良い特定の人にだけ見てもらいたいと思っている人に分かれます。SNS での**当たり前が人によって異なること**を理解する必要があります。

　最近は、イベントの様子などを多くの人に知ってもらおうと SNS で投稿する施設が増えてきました。とは言え、施設として投稿するのと介護スタッフ個人で投稿するのとでは、**まったく意味が変わってきます**。トラブルにならないように施設での SNS 上のルールを今一度確認しましょう。

●個人アカウントでグループ作成のリスク

　LINE の普及により、業務上の情報共有のために SNS を使用する会社が増えています。便利ではありますが、情報漏えいやプライバシーの侵害のリスクもあるため、**個人アカウントの使用は避けた方が良いでしょう**。

● SNS のマナーが曖昧

　たとえ個人的にプライベートで使っている SNS であったとしても、マナーを守れていないのであれば**改善してもらうように指導しなければなりません**。

　なぜなら、個人で投稿した内容がきっかけで誤解され施設の印象が悪くなることや、利用者家族からの**クレームに発展することがある**からです。

　しかし、施設としても、ただなんとなく「気をつけましょう」では、問題が起きてから指導することになってしまいます。

●個人での施設イベント投稿

個人で施設イベントの投稿をすることは、各施設により見解が違うかもしれません。「みんなでイベントなどの様子を投稿した方がいいのでは？」という意見もあれば「スタッフは投稿しない方がいい」という意見もあります。

問題は**施設で統一されていないこと**です。スタッフによって見解が異なったままだと、違和感を持った利用者やスタッフは**施設に対して不信感がつのります。**

> LINEなどは個人アカウントを使用しての情報共有は避ける
> SNSに投稿する際のルールを守る

ビジネス用SNSを使いましょう

個人アカウントは使わず、基本的には**会社が契約しているビジネス用SNS**を使い、個々にアカウントを付与する形をとりましょう。それが難しい場合は、**個人のアカウントを使用せずに入れるグループ**を使用しましょう。(LINE の場合、ビジネス用だと『LINE WORKS』。個人アカウントを使用しないのは『オープンチャット』)

このようにすれば、万が一トラブルになっても**会社の管理下にあるので、確認や削除を行えます。**そうすることで、大きな問題になる前に防ぐことができます。

SNSのマナーを見直しましょう

SNS の基本的なマナーは下記の 3 点です。

①**個人情報やプライバシーの侵害**になる投稿はしない
②投稿する画像に写っている人には**許可を取る**(写り込んだ人は**顔を隠す**)
③メッセージを送る際の**頻度**や**時間**は節度を守る

こちらのマナーに加えて**施設のルールを決めてスタッフに周知する**必要があります。

SNSの投稿は事前に承諾を得ましょう

　イベントに関する投稿をスタッフが個人アカウントで投稿して良いかは、実際に**見解が分かれるところではあります**。しかし、どちらであっても必ず押さえておかないといけない部分があります。

　それは、**「利用者、家族、スタッフの承諾を得ているか？」**ということです。SNS は本当に見る人によって受け止め方がまったく違います。

　大きな問題に発展してからでは止めることができません。事前に承諾を得た上で SNS を活用していきましょう。

　スタッフなら**雇用契約時**、利用者と家族なら**利用契約時**、こちらのタイミングで承諾を得ておくようにしましょう。

伝え方のコツ

　SNS のルールを決めて**書面にし、研修などで配り周知すること**が大切です。また、イベント当日には朝礼で再度伝えて**開始前に注意喚起をします。**

　事前に SNS 掲載の承諾書をいただいているのであれば、その旨をスタッフに伝えて安心して撮影してもらうようにしましょう。

　また、個人で SNS の投稿をする場合、どんな画像を使用するか、どんな内容を書き込むのかを**事前に確認**しないといけません。

　「面倒くさい」や「そこまでしなくても」という声もあるかと思います。そんなときは「施設のイベントである以上、投稿したのはスタッフでも問題が発生すれば、**施設側にも責任がある**からね」と説明しましょう。

　実際に「誰の投稿か」よりも**「誰が写っているか？」**や**「何が書かれているか？」**でクレームとなるケースがほとんどです。そのため、スタッフの投稿であっても**施設にクレームがくることが大半**です。

　「念のために確認させて欲しい」と伝え、決して信用していないわけではないことを理解してもらい、投稿や画像などを確認します。

管理職としてのとるべき行動

　スタッフが各々の SNS でどのような投稿をしているかを監視することはほぼ不可能です。SNS の種類も多く、**アカウント名と本名は別であること**

がほとんどだからです。

　管理職の立場からできることは、常日頃から**SNSのリスクやマナーを理解してもらえるように伝えていくこと**です。そして、良識のある使い方をしてもらえていると**スタッフを信じる**ことです。

　SNSはここ数年で大きく変化しています。きっとこれからも大きく変化するでしょう。今の使い方が正しいかどうかではなく、今後の変化に応じて**施設内でのSNSのあり方を定期的に見直す**必要があると思います。

　SNSのすべてを禁止するのは簡単です。しかしSNSの良い面もあるのです。試行錯誤しながら時代の変化に合わせたより良いルールを作っていきましょう。

知人と名乗る人から利用者の連絡先を聞かれたら？

CASE 07

　有料老人ホームで働く受付事務員のKさん、施設への電話が鳴りKさんが受けました。

　電話は、利用者Fさんの知人と名乗る男性からで「Fさんは最近そちらの老人ホームへ引っ越したと**友人から聞きまして、そちらに住んでいますよね？**Fさんと連絡がつかなくなったので**連絡先を教えてください**」と言われ、Kさんは「住んでいることを知っている人だし、大丈夫かな」と思いFさんの携帯電話の番号を教えました。

解説

　老人ホームへの転居は体調の変化などにより急きょ引っ越した場合も多く、親しい仲の友人でもない限り、**知らされていないことも多々あります。**

　そのため、「友人から聞いた」という形で問い合わせが来ることもあります。

　ここで、「友人であること」や「他の人から聞いて知っていること」であれば、有無を答えてもいいような気になるのはよく分かります。

　しかし、**個人情報であることに変わりはないので、**対応は慎重に行う必要があります。

●個人情報の取扱いに注意

　老人ホーム内での個人情報とは利用者の氏名、住所、電話番号、生年月日や家族の情報など、利用にあたっての個人的な情報、個人のプライベート情報をいいます。

　個人情報は第三者に対して開示してはいけません。知り合いであっても同じです。開示しないようにしてください。

　知り合いから入居の有無の問い合わせが来ることもあります。実際に仲が良かった友人からの問い合わせもあることでしょう。

　悪意のない問い合わせとは分かっていても基本的に答えることはできません。

　ただし、利用者から**事前に入居の有無の問い合わせについて回答の許可があった場合は問題にはなりません。**

> 　個人情報は聞かれても答えない
>
> 　入居の有無の回答は利用者に事前確認しておく

電話での問い合わせ対応を決めておきましょう

　電話対応の**基本マニュアルを作成する**などして、問い合わせへの対応を統一しましょう。また、老人ホームでは夜間の電話対応は夜勤者が行うことになります。夜間の電話対応で個人情報が漏えいすることのないよう、**介護スタッフにも伝え、徹底しましょう。**

入居時に利用者から対応の希望を確認しておきましょう

　個人情報の開示とは違い、入居の有無の回答は利用者によって希望が異なり、対応が変わってきます。そのため、**事前に確認が必要**です。入居時に利用者に対して問い合せに答えていいかを確認しておきましょう。

　また、スタッフによって対応が異なることのないよう、一覧を作成するなどして**統一的な対応を定めておくこと**が必要です。

伝え方のコツ

　研修などで伝える場合は必ず**ロールプレイングで実際にやってもらう**ようにします。

　電話で問い合わせを受けて断る場合、不安そうな声で対応してはいけません。「大変申し訳ございません。個人情報保護の観点からお答えすることが

できません」と**毅然とした態度で断る練習**をします。

　不安な様子で断ると、相手に「強く言えばどうにかなるのではないか？」と思われ、しつこく要求される場合があるからです。

　そういった意味でロールプレイングを何度も経験して、**落ち着いて対応できるようにしておくこと**が大切です。管理職はロールプレイングで、あえてしつこい人の役を演じても良いでしょう。

管理職としてのとるべき行動

　入居前に利用者や家族に、友人や知人などから問い合わせがありそうかを聞いておきましょう。その中で問い合わせに対し、どのように対応して欲しいのかを確認しておきます。

　また、知人と名乗る方から電話があり、入居有無の回答の許可をもらっていたとしても、個人情報である**携帯番号などの連絡先を教えるわけにはいきません**。

　このような場合は、まずは電話番号を教えることができない旨を伝えます。そして、相手の電話番号を確認して、「電話番号を伝えておきます」と伝え、利用者へ電話番号を伝えます。必要に応じて**折り返しの電話をかけてもらいます**。

　また、急ぎで伝えて欲しいことがあるようでしたら伝言の内容を確認して、**「私からお伝えしておきます」**と伝え、電話を切ります。

誰も見てない？聞いてない？

CASE 08

①

　老人ホームで働く介護スタッフのＯさん、今日はママ友のＳさんと久しぶりにカフェに行きました。お互いに子育ての話で盛り上がり、その後はＯさんの仕事の話へと移り…。

　「利用者Ｔさんがこんな症状で…息子さんが会いに来てもケンカばかりしているのよ」と話していました。帰り際にＯさんは「仕事の話は個人情報だから内緒ね！誰にも言わないでね」と念を押しました。

　しかし、後日老人ホームへ「うちの親の話をカフェで話していたスタッフがいると聞いています！」と苦情の電話が…。

　どうやら**カフェのお客さんの中に知り合いがいた**ようで、苦情へ発展してしまいました。

②

　介護スタッフのＨさんは、上司のＢさんから注意を受けたことに納得できずイライラしている様子でした。それに気づいた利用者Ｋさんに「何かあったの？」と聞かれると、すかさずＨさんは「ちょっと聞いてくださいよ！」と**上司の愚痴を話し始めました。**

　利用者Ｋさんに愚痴を話してスッキリしたＨさんは、イライラも収まり、一日の業務をこなして帰りました。

解説

　施設内のスタッフ間や利用者のケアに関係する人でない限り、利用者の**個人情報を話してはいけません。**このようなことから**情報漏えいが始まります。**

　利用者の話であれば情報漏えいはもちろんのこと、**プライバシーの侵害**となります。また、施設内の業務内容の場合だと**秘密保持義務違反**に該当します。

●公共の場所での会話に注意

　カフェやレストランなどで、友人とついつい仕事の話をしたくなりますが、要注意です。まず、個人情報はどんな状況であっても**社外の人に口外してはいけません。**

　また、たとえ職場の同僚であっても公共の場で話す場合は細心の注意を払う必要があります。**個室であっても誰が聞いているか分かりません。**

●関係性が良くても利用者は利用者

　ちょっとした気の緩みから職場の内部事情や愚痴を利用者に話してしまい、大きな問題に発展することがあります。

　いくら仲良くなって利用者が親しく話してくれたとしても、相手は利用者であることに変わりはありません。内部事情を話したばっかりに、**家族からのクレームに発展**したり、**スタッフ間のトラブルに巻き込まれたりする**ことがあります。

●情報漏えいから始まる悪評

　事例のような会話から施設の噂が外へ広まることがあります。噂は聞いた側の解釈が入ります。そのため、**事実とは異なる内容が広まってしまう**ことも多々あります。また、ネガティブな話ほど噂が広がり大きくなりやすく、**悪い印象がつく傾向**にあります。

　個人情報の漏えいといった点だけでなく、施設の悪い噂を広めることにならないよう気をつけましょう。

> 利用者の話は外で話さない
> 利用者との会話で施設の内部事情や愚痴は言わない

同僚と外で仕事の話をする際は個人情報を伏せる

業務の流れで、どうしても外で話さないといけない場合があると思います。そんなときは、名前などの**個人情報を伏せて話す**ようにしましょう。

また、個人情報ではなくても大きな声で話していると誤解されることもあるので**小さな声で話しましょう。**

同じく、携帯電話での会話も注意が必要です。特に周りの人に気がつかず声が大きくなりやすいため、**話す場所などを考えてからかける**ようにしましょう。

利用者に見られている自覚を持ちましょう

老人ホームなどの施設で働くスタッフは利用者から見れば常に気になる存在です。利用者同士の会話ではスタッフの話が共通の話題になります。

実はスタッフの知らないところで、**スタッフの「言ったこと」や「やったこと」をネタに利用者同士で会話をしているものです。**「利用者と仲良くなったら内緒で話しても大丈夫だ」なんてことはありません。

どこの誰から見られても聞かれても恥ずかしくないように行動しましょう。

自分にとっては愚痴でも相手には悪評に伝わる

時には仕事の愚痴を言いたくなるとは思いますが、愚痴を受け取る側の解釈によって、職場を悪く言っているように感じられる場合があります。

ただ愚痴を聞いて欲しいだけだったはずが、**自ら施設の悪評をたててしまい、離職率を上げてしまうことや求人募集の応募を減らす要因**になってしまいます。

愚痴は外には吐かないこと。どうしても言わないと気が済まないようなときは、せめて**管理職や上司に吐く**ようにしましょう。また、後輩に愚痴を吐くと不安をあおる可能性が高く、こちらも悪評につながるおそれがあります。

伝え方のコツ

　介護業界は業務上の会話に個人情報が含まれていることが多いため、個人情報に対しての意識が薄くなりがちです。スタッフによっては「周りに誰もいなければよいのでは？」や「そこまで意識しないといけないの？」という声も上がると思います。

　そこで「今は、ちょっとした**言葉の切り取りが SNS などで炎上する時代**です。外で個人情報を話すことは**気にしすぎるくらいでちょうどいいんですよ**」と伝え、まずは個人情報を話すことへの意識を高めてもらうことから始めましょう。

管理職としてのとるべき行動

　まずは自身も含め、外での会話について今一度見直しをしてみましょう。

　たとえばスタッフに電話をかけて、つながってすぐに用件を話していたのであれば、話し出す前に「騒がしいようですが、そちらは外ですか？」と**個人情報を話せる環境にあるのかを確認してから話し始める。**

　これだけで、自身にも相手にも**個人情報を話すことへの意識づけ**になります。

　また、新入社員の歓迎会や忘年会などの場合は、事前に「お店なので、利用者の話や**個人情報に関わる話はしないように**」と念を押しておきましょう。

　こういったことは初めのうちは面倒に感じられても繰り返し伝え続けることでスタッフにも馴染んでいき、全体の意識が高まっていきます。

パスワードを忘れないように…PC 管理上の注意点

　介護老人保健施設で働く介護スタッフのDさんは、お出かけイベントの企画書を作成するにあたり、施設のパソコンを使用することになりました。パソコンのログイン用パスワードを忘れないようにと付箋にパスワードを書いてパソコンに貼り付け万全の対策。

　また、車の座席の配置は自宅に帰ってゆっくり考えようと思い、施設内のパソコンから利用者の情報を **USB メモリにコピーして持ち帰りました。**

解説

　パソコンなどを使用して個人データを取り扱う場合には、**ログイン ID や パスワードの適切な管理**など、情報セキュリティ対策を講じる必要があります。

　また、USB メモリなどの外部記憶媒体の使用により、**気がつかないうちに情報漏えいしていることもあります**。全スタッフに共通の認識を持ってもらい、管理を徹底しなければなりません。

●パスワードは個人管理

　「パスワードを忘れてしまうから」といってパソコンの目立つところに書いてしまっては、何のためのパスワードかわかりません。それでは個人情報の管理が行き届いていないことを周りにさらけ出しているようなものです。

　パスワードは**個人での管理が基本**です。セキュリティ面での対策であることを理解しましょう。

●外部記憶媒体の使用のリスク

　USB メモリなどの外部記憶媒体を使えばデータを簡単にコピーして持ち帰ることができます。それは裏を返せば簡単に個人情報を持ち帰ることができてしまうということです。

　紙媒体の書類を直接持ち帰る場合と比較して、膨大なデータを瞬時にコピーできる点や個人情報を持ち帰られたことに気がつかない点が大きく異なります。そのため、**外部記憶媒体の使用は情報漏えいのリスクが非常に高い**といえます。

●自宅への個人情報の持ち帰り

　USB メモリに限らず、自宅で仕事をするために**個人情報を持ち帰ることは**、自宅までの途中で紛失する可能性もあり、情報漏えいのリスクが非常に高く**危険な行為**です。

私物のUSBメモリなどは施設に持ち込まないようにしましょう

施設内で USB メモリを使用しないのはもちろんですが、私物の USB メモリも持ち込まないようにしましょう。施設に USB メモリがないからと、自身の物を持参するスタッフもいます。**持ち込むことも禁止**するようにしましょう。

外部記憶媒体を使用せずクラウドサービスを利用する

個人情報を施設内でしか確認できないとなると、業務上で困ることもあるでしょう。そんなときはクラウドサービスを利用すると良いでしょう。USB メモリだと紛失のリスクがありますが、**クラウドサービスを利用すれば紛失を防ぐことができます。**

また、クラウドサービスを利用すれば、会社で支給しているスマホやパソコンなどを活用して、施設外でも安全に情報の確認ができます。

ただし、スマホやパソコンの紛失には十分に気をつける必要があります。

伝え方のコツ

パソコンに慣れていないと、分かりやすい場所にパスワードを書いたメモを貼ろうとするスタッフもいることでしょう。そこで、パスワード管理を面倒くさそうにして、聞こうとしないスタッフがいるかもしれません。

そんなスタッフには「これは**利用者の玄関の鍵をさしたまま、窓も開けたままで帰るのと同じ**だよ。もし**自分の家で同じことをされたら嫌だよね？**」と自分の場合に置き換えてもらい、パソコンのセキュリティに対しても意識を高めてもらいましょう。

管理職としてのとるべき行動

　パソコンのパスワードは複数のスタッフで共有せず、**ログイン用のアカウントを個別に割り当てましょう。**

　また、クラウドサービスを利用するための持ち出し用のスマホやタブレットなどにも**画面ロックを設定しパスワードをかけます**。そうすることで、万が一紛失した場合でも第三者は情報を見ることができません。

　そして **USB メモリは使用禁止**とし、私物の USB メモリの使用も禁止します。

　クラウドサービスを使わずに情報を渡したい場合は **E メールにデータを添付して送る方法をとります。添付データにはパスワードをかけて、パスワードは別送してください。**

　その際、送り先のメールアドレスに間違いがないか、細心の注意を払ってからメールを送るようにしましょう。

第 3 章

職場における人権尊重

CASE 10

　デイサービスに勤める介護スタッフのSさん。今日は新人スタッフNさんの指導のため終日同行でした。

　一日の業務が終わり、Sさんが帰ろうとした際、同僚のスタッフから「Nさんの同行はどうだった？」と聞かれ「Nさんは**まだまだダメ**ね。食事の介助も上手くできていないし、しばらく誰かが**同行しなきゃダメ**だと思う。意欲的に頑張っているから1カ月もすればできるようになると思うけど。とにかく、今日は忙しくて大変だったわ」と話しました。

　そして数日後、突然Nさんが退職するとの連絡が入り…Nさんは「みんなの足手まといになっているみたいだから、辞めた方がいいと思って…」と泣きながら話していたようです。

　どうやら**「SさんがNさんのことをダメだと言っている」**との噂が流れ、Nさんは**自信をなくしてしまった**ようです。

解説

　新人スタッフの指導について先輩同士ではよくある会話でしょう。先輩スタッフも新人スタッフに「早く一人前になって欲しい」という気持ちから話していることと思います。

　しかし事例の会話では**「ダメ」**という言葉が切り取られ、誤解を生む結果になってしまいました。先輩スタッフ同士が今後の指導のために話していても、新人スタッフに誤解され退職にいたっては元も子もありません。

　では話さない方が良いのでしょうか？それでは何も解決しません。大切なのは**「誤解を生まない言葉を選ぶこと」**です。

　今回の事例のような新人スタッフの育成の場面だけでなく、介護の現場では言葉の誤解によって、**クレームや事故につながることもあるため、注意が必要**です。

●否定語は切り取られると誤解されやすい

　「〜はダメ」や「〜しないで欲しい」といった否定語で表現をすると受け取り側によっては**「ダメなこと（嫌なこと）をしている人だ」**という印象になります。

　その言葉の前後にはそのスタッフへの愛情がある言葉がついていても、否定語の部分だけを切り取られてしまっては、**悪い印象の誤解を招いてしまいます。**

これは『ウィンザー効果』といって、当事者からの情報よりも**第三者から
の情報の方が信じてしまいやすい**という心理効果のことです。

事例のように先輩スタッフのＳさんは、Ｎさんの前でいくら親身になって
教えていても、噂で「ＳさんがＮさんのことをダメだって言っていたよ」と
なると、Ｎさんは「**本当はダメな人だと思っていたんだ…**」と第三者からの
噂の方を信じてしまうのです。

切り取られた言葉が退職にいたる大きな話にまで発展したのは、このよう
な理由からです。

> 否定語での表現は悪く受け取られやすいので要注意
> 些細な誤解が噂によって大きな話になることがある

否定語を肯定語に変換しましょう

前述のように「〜はダメ」と言うところを「〜して欲しい」といった肯定
語に変換して伝えるのです。たとえば書類に記入漏れがあったとしたら「書
き忘れたらダメでしょ」ではなく「ここに体温を**記入しておいて欲しい**」と
いった感じです。

また「ダメ」の言葉だと抽象的で誤解されやすいため、「**どうして欲しい
のか？どうしたら良いのか？**」を具体的にして伝えましょう。

事例の会話の場合「まだまだダメ！」ではなく「**あとは〜ができるように
なるといいね！**」と、このように具体的なことを肯定語で表現すると**仮に切
り取られても誤解されにくくなります**。

リフレーミングで言葉をポジティブに変えましょう

リフレーミングとは、物事の捉え方を変えて、**違う視点で捉えることによ
り、ポジティブな解釈にする**ことです。

たとえば「いいかげん」は「おおらか」とも捉えられます。「短気」は「情
熱的」、「負けず嫌い」は「向上心がある」とも捉えられます。

このようにネガティブに思うことをリフレーミングして、**ポジティブな解釈を口にしましょう**。すると、誰かに切り取られても悪いように誤解されることは少なくなります。

伝え方のコツ

言い方や言葉の選び方については習慣的なものも多く口ぐせになっていて、**すぐには直せない人や、自覚がない人がいます**。

まずは研修などで、事例や実際に言われて嫌な気持ちになった言葉などを題材にどのような言い方だと良いのかを**グループワークで考えてもらうよう**にしましょう。

その研修後に、何気ない会話の中で気になる言葉を発していたら「**こういう言い方の方がいいと思うよ**」とスタッフを否定することなく、指導しましょう。

このようなことをくり返していくうちに言葉の選び方が上手くなっていきます。**習慣化することが大切です**。根気よく関わっていきましょう。

管理職としてのとるべき行動

当然ですが普段から管理職がスタッフを否定的に言っているようでは、指導しても「あなたに言われたくない！」と思われてしまいます。「まずは自分から」なのですが、つい言葉が先に出てしまい「**違う言い方の方が良かったな**」と後で気づき、反省することもあるでしょう。

そんなときは、そのスタッフに「ごめんなさい！言い方が悪かった。本当はこう言いたかったんだよね」と**すぐに訂正しましょう**。

管理職が完璧である必要はありません。完璧なことよりも、**自分のいたらなさを認めて**、立場は関係なく互いに気づき合う、**気づかせ合う職場になる**ことの方が大切です。

ネガティブな冗談は言わない

　グループホームに勤める介護スタッフのMさん。いつも利用者さんやスタッフなど、周りの人を笑わせようとして一発ギャグもする芸人のような存在です。

　しかし、時々**スタッフをいじるような冗談**も言っているよう…。体調不良で欠勤したスタッフに対して「あいつまた、**ズル休みして遊びに行ってるよー**」と言ったり、ミスをするたび利用者さんの前で「**また主任に怒鳴られるー！今度こそ私はクビだな**」など、ネガティブな冗談を言っては周りを気まずくさせています。Mさんの近くにいるスタッフは**いつも苦笑いで気を遣っている**ようです。

解説

　「仕事を楽しくしたい！」と思って冗談を言っているのでしょうが、タイミングや冗談の種類によっては**ハラスメントやクレームの原因**となってしまいます。

　特に最近は「冗談のつもりが相手からハラスメントと言われた」といったこともよくあるので注意が必要です。とは言え、冗談も言えない職場環境ではスタッフ同士のコミュニケーションが希薄になり、チームワークが乱れてしまいます。それでは、これから『悪い印象を与えない冗談とは何か？』を考えてみましょう。

●相手をいじる冗談は禁物

　お笑い芸人などは相手をいじることで笑いをとることもありますが、職場では禁物です。たとえ関係が良く、冗談として受け止めてもらえるスタッフに対してであってもやめておきましょう。

聞かされている**周りのスタッフの中に気分を悪くしている人がいるかもし
れません**。また、そんなスタッフは気分を顔に出すことなく心の中で思って
います。

なぜなら、お笑いとしていじっているため、みんなが笑っている中で自分
だけ不快な顔をするわけにもいかず、**苦笑いをするしかない**からです。

このように、誰も気づかせてくれないからこそ自らが意識をしていきま
しょう。

●笑える冗談と笑えない冗談

冗談には、笑える冗談と笑えない冗談があります。簡単にいうと、聞いて
いる**みんなの気持ちが楽しくなる冗談であれば笑えます**が、その**反対だと笑
えません**。

冗談とは、物事を大げさに言って面白く話すものではありますが、事例の
ように**相手を悪い方へ大げさに落とす形の冗談だと、みんなが楽しく受け取
れず笑えない冗談になります**。

> いくら冗談でもいじられると嫌な気持ちになる人はいる
> 相手を落とす形の冗談は笑えない

相手や自分を持ち上げた冗談はOK

同じ冗談を言うなら相手や自分をあえて**大げさに持ち上げる冗談の方が受
け入れてもらえます**。

大げさな冗談なので「それはないでしょ！」とツッコミたくなりますが、
誰も落とされていないため、聞いている側は嫌な気持ちになりません。その
ため周りの人も安心して聞くことができます。

たとえば仕事をすぐに終わらせたスタッフに「えっ？もう終わったの？ス
ゴい！！これはギネス記録に認定されるんじゃない？」など、面白いと感じ
るかは人それぞれとしても、**相手を持ち上げた冗談であれば聞いていて嫌な
気持ちにはなりません**。

笑わせることよりも自分が笑顔でいること

　明るく冗談を振る舞う人は、きっと場を和ませようとしてのことで、悪気はないのかもしれません。もし、場を和ますためだけに冗談を言っていたのであれば、これからは無理に冗談を言う必要はありません。

　わざわざ面白いことを言わなくても、**自分が笑顔でいることで場の雰囲気は和みます**。普段から笑顔で会話をしているだけで、**相手の表情も自然と笑顔になっていきます**。そもそも、無理して冗談ばかり言って笑わせる必要などないのです。

伝え方のコツ

　冗談はあくまでも冗談なので、ネガティブな冗談を言っただけで、その場で注意するのはなかなか難しいでしょう。

　しかし、ネガティブな冗談の中に**ハラスメントと感じるおそれのあるものが見受けられた場合、その場で注意します**。

　できるだけ時間をあけずに**すぐに注意する**ことがポイントです。なぜなら、冗談はその時その瞬間で言っているため、**自覚がない場合が多い**からです。次の日に注意をしても「そんなことは言っていない」と言われてしまうのがオチです。また、その場で注意とは言え、周りに他のスタッフがいる状況での注意は避けましょう。他のスタッフと少し離れたタイミングや「今ちょっとだけ話せる？」と言って場所を移し、**一対一で話せる時間を作り、注意をしましょう**。

管理職としてのとるべき行動

　ネガティブな冗談に限らず、管理職はできるだけ**冗談を言わないようにする方が無難です**。どの冗談が良くて悪いのかのジャッジが簡単ではないため、管理職がスタッフに注意した際、**「あなたも言っているクセに！」**と思われてしまうリスクがあります。

　また、問題のない冗談であっても言い続けているうちに**エスカレートしていくことがあります**。結果、誰かを傷つけることになりかねません。管理職がブレーキ役になるためにも、**意識的に冗談を控える**ことが大切です。

> ## 愚痴に同調したら私が言っていたことに！？

CASE 12

　デイサービスで働く介護スタッフの A さん。先輩スタッフ U さんとお昼休憩が一緒になり、U さんの愚痴トークが始まりました。

　U さんが「A さん聞いてよー。来月のシフトを見たら忙しい日ばっかり私が出勤になってるのよ！これは絶対に主任からの嫌がらせだわ。主任はひいきばっかりするし、**性格が悪いよね！ムカつくわ！**」と話し、A さんは先輩 U さんに言い返すこともできず「**本当に、そうですよね！**」と一緒になって熱く話して休憩は終了。

　後日、出勤したら他のスタッフから「A さん、主任の文句を言ってたらしいね。**性格悪いと思ってるの？**」と、U さんの話を聞いていただけだったのに、なぜか A さんが愚痴を言っていたことになってしまいました。

解説

　愚痴の聞き役に徹していたはずが、いつの間にか愚痴を言っている張本人になっていた…このような経験はありませんか？

　こういったパターンは、噂を言いふらした人に問題があると思われがちですが、**聞き手側が同調していたために起きたとも言えます**。愚痴に対しての聞き方を変えれば、問題を回避できたかもしれません。

●同調は愚痴を言っているのと同じ

　「同調」とは、相手に調子を合わせて、同じ意見や態度になることです。相手の愚痴に対して何か返事をしようと、つい「そうですよね！」と言ってしまいそうになりますが、「**そうですよね！**」は「私も同じ意見です」と言っているようなものです。

相手から先に言ってきた愚痴であっても、こちらも同調しているわけですから、周りから見れば、どちらも同じ**「愚痴を言っている人」に見えてしまいます。**

●噂は「誰が」が広まる

誤解や心外なことが噂で広まるのは避けたいところ。しかし、噂というものは物事の断片だけ切り取られて広まってしまうものなのです。

そして、「Aさんはなぜそのように言ったのか？何のために言ったのか？」などの**事情も含めて切り取られることはほとんどありません。**そのため、場の空気でつい言ってしまったとしても**「Aさんが言っていた」と言うことだけが切り取られ、広まってしまうのです。**結果的に悪い印象がついてしまいます。

> **「そうですよね！」の同調は要注意**
> **噂はこちらの事情までは考慮されない**

愚痴の受容をしよう

受容とは、相手の言葉や感情を自分の考え方の違いで否定したり評価をしたりせず、相手をそのまま受け容れることです。

そのため相手の愚痴に対して「そうですよね！（肯定）」や「そうは思いません（否定）」のどちらの返事もしなくてよいのです。また、**アドバイスも不要**です。

愚痴に対しては**「ああ、そうなんですね」**にとどめましょう。この言葉には自分の意見はなく、相手の気持ちを**認めて受け容れていることを表しています。**

愚痴は真に受けず受け流しましょう

相手が愚痴をいう理由は大きく３つあります。「聞いて欲しい」「分かって欲しい」「どうにかして欲しい」です。

　この 3 つをすべてクリアするために、どうにかしようと相手の気持ちを抱えてしまう人がいますが、それでは自身が疲弊してしまいます。

　愚痴のすべてを受けるわけでもなく、すべて流すわけでもなく、「受け流す」のです。

　なぜなら 3 つの理由のうち 2 つ「(話を) 聞いて欲しい」「(気持ちを) 分かって欲しい」は愚痴を受容して聞くことでクリアでき、安心してもらえるからです。

伝え方のコツ

　いつも愚痴を聞かされていて疲弊しているスタッフには「愚痴ばっかり聞いていたら気分が悪くなるよね」と気持ちを理解しつつ、**「愚痴を言えるのは信頼されているからだ**と思うよ」と決して悪いことではないことを伝えます。

　また「愚痴は悪口とは違って、誰かを傷つけるためじゃなくて、**ただ気持ちを聞いて欲しいんだよ。だから、愚痴に賛成も反対もせずに聞いてあげてね**」と伝えて、受容して聞くように促しましょう。

管理職としてのとるべき行動

　まずは愚痴を減らそうと、研修や朝礼などで「愚痴は言わないようにしましょう」と伝えただけでは愚痴はなくなりません。

　愚痴が出ないほどの完璧なチームであれば良いかもしれませんが、スタッフの価値観も様々です。**価値観のズレによって、愚痴の一つや二つは出るも**のです。

　そのため、聞き手側に**「愚痴はあっても良い」「時には愚痴も出るものだ」**と、理解してもらえるようにしましょう。

　また、コミュニケーション研修として、スタッフ同士で**相手の話を受容して聞くトレーニングをする**のも良いでしょう。

見せしめとしての公開説教！これってパワハラ？

　特別養護老人ホーム施設長のＯさん。仕事に妥協を許さない、自分にも他人にも厳しい熱いタイプの施設長。

　毎日の朝礼では前日のダメ出しばかり。ひどいときはダメ出しどころか**スタッフの名前を出して怒る**こともあります。

　「昨日Ｙさんが書いた介護記録に記入漏れがありました。今回で２回目です！**何度言ったら分かるのですか?! こんな簡単なこともできないの?** これじゃ他のスタッフに迷惑です。絶対に記入漏れのないようにしてください！」

　その言葉から、ピリピリとした雰囲気になりました。朝礼後、他のスタッフがＯさんへ「あれはパワハラではないのですか？」と直談判すると「これくらい言わないとスタッフは変わらないからね」とＯさんは**見せしめのためにＹさんを意図的に怒った**ようでした。

解説

　事故やミスを減らしたい気持ちから、つい熱くなって**感情的に注意してしまう**。または、周りのスタッフへの見せしめとして、**他のスタッフの前であえて厳しく注意する**など、このような行為はパワハラに当たります。

　パワハラとは、職場内における立場の優位性を利用した発言により、相手に精神的な苦痛を与える行為です。**指導のつもりであったとしても相手がどのように受け止めるかで大きな問題に発展してしまいます。**

●他のスタッフの前で注意は危険

　見せしめとしてみんなの前で注意する方が気をつけるようになるから良い。という考え方がありますが、それはとてもリスクが高いです。

　まず、注意された側のスタッフは、注意や指導以上に**「みんなの前で注意された」**といった感情的な気持ちが先に立ちます。そのため、**注意の内容は記憶に残らず**、注意されたことが「怒られたこと」として認識され、結果的に何も改善されません。

　また、注意を見ていた他のスタッフは「怒られたくないから、自分は気をつけよう」と思うまでは良いのですが、自分は同じように注意されたくないとの気持ちが強くなります。もし失敗があった場合、**怒られないようにと隠蔽するようになる可能性**があります。

●乱暴な言葉での叱責はダメ

　できるようになってもらいたいがための言葉であっても、**乱暴な言葉であればスタッフからはパワハラと受け止められます。**

　事例のような「何度言ったらわかるの？」「こんな簡単なこともできないの？」などの言葉は本人を責める**精神的なダメージを与える可能性のある言葉です。**

　また、失敗をしたからと言って**叱責すること自体も、時と場合によってはパワハラになりかねません。**

みんなの前での注意はパワハラ＆逆効果
叱責自体がパワハラになる場合もある

注意は一対一で伝えましょう

スタッフ側からすれば、注意されること自体が喜ばしいことではありません。

どのようにして欲しいのかを伝えるための注意なら、一対一ですれば足り、人前で注意する必要はありません。

一対一で話す場を設けて、注意するようにしましょう。

失敗に対して人ではなく行動に目を向けましょう

失敗に対して叱責すると「**誰が**」したのか？といった部分にスポットが当たりやすくなります。すると、当事者のスタッフは叱責されたことにより「**私はダメなスタッフだ**」と自分を責めてしまい、精神的に辛くなります。

失敗に対して、改善してもらいたいのはあくまでも「**行動**」です。今後は同じことにならないために、どのようにすれば良いのか？そこだけを伝えましょう。

伝え方のコツ

失敗は決して良いものとは言えませんが、成長していくために絶対に必要なものです。

注意する目的は「失敗をゼロにするため」ではなく**「失敗を糧に成長してもらうため」**です。注意すべきことがあれば、スタッフに声をかけて一対一の状況を作り注意します。その際に一言目から注意すると萎縮してしまうので、「いつも〜してくれて、ありがとうね」などの**感謝や労いの言葉から始めます**。

次に、注意ですが「なんであなたは気がつかなかったの？」などといった相手に向けた聞き方ではなく「これからは、ここを意識して欲しい」などの

自分の側の気持ちを伝えるようにします。

　また、スタッフの成長段階によって「これからはどうしていけば上手くできると思う？」と一緒に考えてみるのもよいでしょう。

　自分を責めてしまうタイプのスタッフには、「私も過去に同じような失敗をしたことがあるよ」と、その失敗経験があるからこそ成長できたことを伝えましょう。

管理職としてのとるべき行動

　「注意は一対一で」とお伝えしましたが、例外もあります。管理職だからこそ、みんなの前で注意しなければいけないものがあるのです。それは、施設やチームの方針、価値観に背く言動をとっている場合です。

　こちらは『失敗』とは違い、個人の成長のためではなく、チームの方針の共有のためにみんなの前であっても注意する必要があります。

　たとえば、あるスタッフがルール違反をしていても「こんなことしてもいいの？」と思いながら、見て見ぬふりをして誰も注意をしていない。といったことが往々にしてあります。そのまま放置しておくと「なぜ管理職は注意しないのか？」と管理職への不信につながります。

　さらには管理職の言う方針は口だけだと思い、方針や価値観に則った行動をとらなくなります。

　周りにスタッフがいる場合は、言葉を慎重に選び、声のトーンや大きさ、顔の表情にも気をつけましょう。あくまでも「注意をしている」のであって「怒っている」のではありません。誤解を生まない最善の努力をしましょう。

後輩とのコミュニケーションのつもりがセクハラに？

CASE **14**

　介護老人保健施設で働く女性ベテランスタッフのDさん。後輩スタッフともよく話し、コミュニケーションを意識して取っています。

　新しく入社してきた25歳女性スタッフSさんにも気さくに声をかけています。「Sさんは**若くてかわいいねー！**」と話し、帰り際には「**スタイルいいわねー。彼氏いるの？**もしかして、**これからデート？**」などと冗談も交えながら会話をして帰りました。

　すると後日、Dさんは上司に呼び出され「**Sさんにセクハラをしているらしいね**」と言われて、注意を受けることとなりました。

解説

　先輩スタッフが後輩スタッフに意識的に声をかける。とてもよい行動だと思います。しかし、事例のような声のかけ方だと後輩からセクハラと捉えられてしまいます。

　また、**異性からではなく女性同士であっても**声のかけ方によってはセクハラになることがあります。

　卑猥な言葉を言うことや体を触るなどの行為をセクハラと認識しているかもしれませんが、**このようなコミュニケーションの中にも相手によってはセクハラになる場合があります。**

　褒めているつもり、興味を持っているつもりの言葉でもセクハラになることを理解して、『セクハラにならない褒め方、話し方』を身に付けましょう。

● **身体的な特徴を褒めるのは要注意** ……………………………………………………

　身体的な部分をけなす言葉は当然よくないですが、「スタイルがいいね」

や「足が細くてきれい」など、**相手を褒める言葉であってもセクハラになる**場合があります。

　こちらとしては褒めているつもりでも、相手は**コンプレックスを持っていることや、触れられたくないこと**の場合があります。

●プライベートな話は NG の可能性あり

　プライベートな話すべてが問題なわけではありませんが、**知られたくないことや、言われて「余計なお世話だ」と感じるような話は危険**です。

　身体的なことと同じく相手の感じ方次第で変わるものではありますが、決して自身の感覚で「**これくらいはいいだろう**」と決めつけないようにしましょう。

> 褒め言葉でも身体的な特徴に言及するのはNG
> プライベートな話は自分基準で話さず慎重に

褒めるのは仕事の話から始めましょう

　「褒めていてもセクハラになるなら何を話せばよいのか？」と悩まれることと思いますが、**仕事とは関係のない話だから誤解を招きやすいのです。**

　たとえ褒める場合であっても、仕事と関係ない話であれば人によっては不快に感じます。

　そのため、まずは**仕事のやり方などを褒める**のです。仕事の実績はもちろんですが、仕事への姿勢や仕事中の雰囲気や話し方など。**仕事にまつわる部分を褒めましょう。**

プライベートな話は自分が先に話してから

　コミュニケーションを取る上で大切なことの一つに『相手に興味を持つこと』があります。だからと言って社内の関係でプライベートな話ばかり質問していると「なんでそんなことまで聞かれなきゃいけないの？」と思われてしまう場合があります。

まずは、**自分から話してみる**と良いでしょう。たとえば「昨日、友だちとあの映画を観に行ったんだけど、面白かったよ」と話します。すると相手が「私もあの映画好きなんですよ」と反応があれば、**その話題について質問**をします。「俳優さんが好きなの？」や「ストーリーがすごく面白いよね」と**プライベートな話を広げられる**ようになります。

　こちらから相手のプライベートな話には持って行かず、**相手から話してきた話題に興味を持って**コミュニケーションを取るとよいでしょう。

　自ら話すプライベートの話題は「**自分の話したい話題**」であることが基本なので興味を持って質問しても**大きな問題にはなりにくい**のです。

伝え方のコツ

　社内研修などで、「どれが言われて不快な言葉？」や「どこまでなら聞かれても話せるか、どこから不快に感じるか？」などの**アンケートを匿名で取っても良い**でしょう。

　スタッフの人数が多ければ多いほど、アンケート結果にバラつきが出ます。そうすることで、**自分の許容範囲と他者とでは大きなギャップがあり、人によってまったく異なる**ことに気づいてもらえます。

管理職としてのとるべき行動

　管理職という立場上、スタッフ同士よりもよりシビアに見られます。そのため、スタッフとコミュニケーションを日々取りながら、**それぞれのちょうど良い距離をみつけていくこと**が大切です。

　プライベートな会話をしないとスタッフと仲良くなれないわけではありません。**仕事の関係だけでも良い関係を築くことはできます。**

　また、管理職が「スタッフ同士でプライベートな話をしないように！」と指導をしてしまうと、**意識しすぎて楽しく会話ができなくなります。**

　研修などで必要な知識を身に付けてもらったら、ひとまずは**スタッフを見守りましょう。**ハラスメントを知識として知っていれば、何か不快に感じたとき、管理職へ相談ができるようになります。管理職は**相談しやすい環境を**目指しましょう。

同僚の妊娠報告に「休まれるとしわ寄せがくる」発言…

CASE **15**

　デイサービスで働くGさん。スタッフ数名と休憩中に後輩のK
さんから「私、妊娠したんです」と報告され、みんなでお祝いムー
ド。そんな中、Gさんは「そうなの？じゃあ産休期間に入るのね？
**はぁ…休まれると私にしわ寄せがくるわぁ…ただでさえ忙しいの
に**」と言ってしまい、一気に気まずいムードに変わってしまいまし
た。

解説

　今回の事例はいわゆる『マタハラ』と呼ばれるものです。マタハラは、「マ
タニティー・ハラスメント」の略で、妊娠や出産、育児をきっかけに職場で
不快感や不利益を与え、尊厳を傷つけることです。
　介護現場では、**人手不足の現場も多いため、何気ない会話の中にもマタハ
ラと捉えられることがあるかもしれません。**

●出産や育児の休業・休暇取得を認めないのはダメ

　出産や育児のための休業・休暇を取得させないなどの行為はマタハラとな
ります。
　事例では同僚との会話であって、休暇を取得させないとの話ではありませ
ん。しかし、**同僚であってもその発言によって休業・休暇が取得しにくい雰
囲気になるため、こちらもマタハラに該当します。**
　たとえ「忙しい時期だから」や「人手不足だから」といった事情があった
としても、これは**制度上、労働者の権利**ですので認めないといけません。

● 妊娠の報告にネガティブな反応は NG

喜ばしいはずの妊娠の報告に対して、「人手不足なのに」や「休まれると困る」など、ネガティブな反応をすると**相手を精神的に傷つけることになるため、マタハラに該当します。**

● 個人的な考えを押しつけるのもダメ

相手のことを思っての発言であっても**自分の考えを押しつけるような発言はマタハラになる可能性が高く、避けた方が良いでしょう。**

「仕事よりも子どものことを考えなきゃダメだよ」や「子どもができたら仕事を続けるのは難しいでしょ」などの発言は、たとえ相手を思ってのことでも自分の考えを押しつけているため、不快に感じる場合があります。

> 出産や育児の休業・休暇取得は労働者の権利
> 悪意がない発言でもマタハラになる

産休・育休制度への理解を深めましょう

出産前の準備期間に取る休業と、産後の体を休ませるために取る休業を合わせて産休と呼びます。**労働基準法で定められた、出産するすべての人が取得できる制度です。**

産休を取得することに、「あの人だけズルい！」などと思っているようでは、制度を深く理解しているとはいえません。**妊娠しても安心して働き続けることができるための制度**であることを理解しましょう。

祝福しましょう

妊娠の報告を受けた場合、まずは**「おめでとう」の一言を忘れないこと。**

報告する側は、妊娠したことによる「嬉しい気持ち」と、**スタッフにこれから迷惑をかけるのではないかという「不安な気持ち」**のどちらの気持ちも存在しています。

そんな中、スタッフから祝福されたらどうでしょう。きっと、**ホッと胸を**

なでおろすことと思います。それくらい緊張しながら勇気を持って、妊娠の
報告をしているのです。

価値観の違いを理解しましょう

　マタハラが起きる要因の一つに、**発言者と受け手の価値観の違い**がありま
す。その価値観の違いに気づかず、「妊娠・出産」などに対して「女性なの
だから」と一方的な価値観を押しつけると、相手を追い詰めてしまいます。

　**自身の中にある「〜するべき」といった偏見に気づき、相手の価値観を理
解していくことが大切です。**

　それは、マタハラ対策だけでなく**多様性を受け容れる**ことにつながり、ど
んな人でも安心して働くことのできる職場環境となります。

伝え方のコツ

　妊娠中のスタッフに良かれと思って気づかった結果、マタハラになってし
まった…。そのようなこともあるため、相手の気持ちを一方的に決めつけて
業務を減らすのではなく「体調はどう？ この業務をお願いしてもいいかな？」
など、**コミュニケーションを取りながら体調に応じた業務の振り分けをしま
しょう。**

　また、他のスタッフからは業務の負担増による不満が出るかもしれません。
まずは、不満を言うスタッフの気持ちを否定することなく「忙しい中、いつ
もありがとうね」と**労いの言葉や感謝の言葉**を伝えるようにしましょう。

　その上で、お互い負担にならないように**業務の分担を見直しましょう。**

管理職としてのとるべき行動

　出産に対する**肯定的なイメージ**をつけ、**仕事も続けられるイメージ**を持っ
てもらうことが大切です。職場内で妊娠に対してネガティブなイメージがあ
ると、**妊娠することを踏みとどまり**、結果的に「ここでは仕事を続けられな
い」と、**退職にいたるケース**もあります。

　まずは研修やミーティングなどで、産休や育休の**制度を理解**してもらいま
しょう。そして、利用する場合は**いつ頃から休むことができるのか**なども知っ

ておいてもらいましょう。また、**妊娠すると身体的や精神的にどのような変化があるのか**も学んでもらうと良いでしょう。

　そうすることでスタッフは、妊娠に対して**理解ある態度がとれるようになります**。チーム全体でスタッフを守っていく、**支えていくイメージも湧いてくることでしょう**。

利用者からの暴言！これって耐えなきゃいけないの？

CASE **16**

　老人保健施設で働く介護スタッフの K さん。ある日、K さんが利用者 B さんの入浴介助のため、居室に入ると「今日はお前か！」と怒鳴られました。K さんは「お風呂が沸きましたが入りませんか？」とたずねると**「お前とは行かん！早く帰れ！」**と言われ、**ボールペンを投げつけられました。**

　そのことを先輩スタッフに相談すると「B さんだったら、**そんなもんでしょ**」と取り合ってもらえず…。このまま**耐え続けるしかない**のでしょうか…。

　介護の現場では、時に**無理な要求や暴言に近いことを言われる場合があり
ます**。店舗店員のように一般的なサービス業よりも生活に密着したものであ
るため、関わる中で家族のような親近感が生まれ、**遠慮がなくなる**ことで、
理不尽な要求や暴言暴力につながる場合があります。また、利用者だけでな
く**利用者家族からも同じように理不尽な要求をされる**こともあります。

　このような問題は放っておくと、**エスカレートする**上に**スタッフが疲弊し
てしまう**ため、早期に対応しないと**より一層厳しい状況になってしまいます**。

●カスタマーハラスメントとは

　カスタマーハラスメント（カスハラ）とは、顧客からの**暴言や暴力、理不
尽な要求や、不当なクレーム、迷惑行為**のことを指します。

　介護業界でも利用者や利用者家族からのカスタマーハラスメントは数多く
存在しており、**スタッフの離職にもつながる**ため、問題になっています。

●家族からのカスタマーハラスメントもある

　利用者の家族にとって**介護スタッフは「何でもしてくれる人」**と誤解して
いる場合があります。

　介護保険上やってはいけないことであっても**「介護スタッフは、やってく
れて当然」**と思っているため、**自分が理不尽な要求をしていることに気がつ
いていない**場合もあります。

> **カスタマーハラスメントは抱え込まず、すぐに相談すること**
> **家族は「介護スタッフは何でもやってくれる」と誤解している人もいる**

利用者であってもダメなものはダメと伝えましょう

　利用者は要介護の高齢者であり認知症の方もいるため、少々のわがままや
暴言などは**仕方がないと思っている**人も多いようです。

　しかし、いくら要介護の高齢者であっても**理不尽な要求や暴言暴力を放っ
ておいて良いわけがありません**。

　そのようなことがあったら、**その場で「やめてください」「ダメです」「そ
れはできません」**など、はっきりと伝えましょう。それで相手が変わるかは
わかりませんが、**ダメなことを伝えることに意味があります**。

　しかし、言い返したことでクレームになってしまう場合もあります。上長
に誤解されないよう、**その場を離れたタイミングですぐに上長に連絡し、事
情を説明**しておきましょう。

抱え込まずすぐに相談しましょう

　カスタマーハラスメントを受けると**精神的に辛くなってしまいます**。それ
をくり返すうちに、**介護をすること自体が嫌になってしまう人もいます**。

　そのようなことにならないように、まずは「**抱え込まないこと**」です。**経
験豊富な先輩など**に聞いてもらうことで、より良い対応方法や気持ちの切り
替え方がわかるかもしれません。

　なによりも自分の気持ちを**聞いてもらうことで心が楽になります**。反対に
自分が相談を受けたときは、事例のように「そんなもんでしょ」などと聞き
流さず、「**そんなことがあったんですね**」と相手の気持ちを受け止めるよう
にしましょう。

伝え方のコツ

　スタッフの中には、カスタマーハラスメントと認識しておらず、**利用者の
暴言暴力には耐えるのが普通**だと思っている人もいます。

　ただ、暴言と一言でいっても**受ける人によって感じ方は異なり**、対応する
スタッフによっても利用者の態度や口調が変わります。

　研修などで、**どのようなことがカスタマーハラスメントに当たるのか**を伝
え、スタッフ各々が過去に**受けたことをグループ内でシェア**すると良いで
しょう。

　対話をしながら、スタッフ間での**認識や対応の統一**を図りましょう。

管理職としてのとるべき行動

　利用者家族からのカスタマーハラスメントは、**家族との関係を深め信頼を得ることで解消される**ものもあります。信頼関係が築けていれば、こちらの話にも耳を傾けてもらえるので、大きな問題に発展しづらくなります。

　普段から**定期的に状況の報告をして家族に安心感を持ってもらう**ようにしましょう。

　また、**入居や利用開始前に「暴言暴力があった場合は利用契約を解除する場合がある」とはっきり伝えておくことが重要です**。利用開始前だと比較的話を受け入れてもらいやすいため、必ず利用開始前に伝えておきます。

　もしこれが利用開始後に暴言があったタイミングで利用契約解除の話を持ち出したとしたら、利用者家族は**状況を受け入れられず感情的や攻撃的になる可能性があります**。

　理解を得た上でカスタマーハラスメントが起こり、**何度か注意をしても改善が見られない**ようでしたら、**契約解除や退去の提案をします**。

　それでも退去せず暴言暴力などが続いている場合は、ケアマネージャーや行政へ相談の上、**最悪の場合は警察への通報**を考えましょう。

LGBT 等に関する差別的な言動とは？

CASE 17

　グループホームで働く B さんはゲイなのですが、職場でそのこととは誰にも話していません。

　ですが勤務中の B さんの**しぐさや言葉遣い**から、B さんに対して**「女性っぽい」**と言うスタッフや、中には**「オネエ」**とからかうスタッフもいます。また、**「もっと男らしくしなさい！」**と言うスタッフまでいる始末。

　後日 B さんは主任に退職届を提出し「仕事と関係ない話なのに、なぜここまで不快な思いをしないといけないのか」と訴え、退職することになりました。

解説

　ハラスメントといえば、パワハラやセクハラのイメージが強いですが、多様性を受け容れる時代となり注目されているのが LGBT に対するハラスメント。

　LGBT とは『L= レズビアン（女性同性愛者）』『G ＝ゲイ（男性同性愛者）』『B ＝バイセクシュアル（両性愛者）』『T ＝トランスジェンダー（身体の性と性自認が一致しない人）』など、**性的少数者の総称**です。

　そして LGBT へのハラスメントは近年 **SOGI（ソジ）ハラ**と呼ばれています。

　SOGI とは、Sexual Orientation（性的指向）と Gender Identity（性自認）の略で、**SOGI ハラとは性的指向や性自認に関連して、差別やいじめ、暴力などの精神的・肉体的な嫌がらせや、不当な扱いによって相手に社会的な不利益を被らせることを指します。**

　コミュニケーションとして冗談のように容姿や仕草をからかう人がいます

が、本人は**深刻に受け止めている**場合がほとんどです。LGBTの理解を深めてハラスメントにならない関わり方を身に付けましょう。

●差別的言動の一例

　LGBTは学生時代にからかわれ、LGBTであることを誰にも明かさずに隠し通してきた人も多くいます。職場内では同じように苦しめてしまわないように、意識した言動を心がけましょう。

　良くない例としては、相手に「**こっち系なの？**」と聞くことや、他に「**オカマっぽいね**」などといった言葉も使わないようにしましょう。他にも「**女なら女らしく**」や「**男なら〇〇しなさい！**」なども良くありません。

　また、男性に対する「**彼女はいるの？**」や「**結婚しないの？**」といった質問も避けましょう。このような言葉には『**異性と付き合うべき・結婚はするべき**』といった決めつけがメッセージの中に含まれており、相手が不快に感じるおそれがあります。

●他者への暴露はプライバシー侵害

　性的指向や性自認に関する情報は、とてもセンシティブな情報です。

　そのため、**本人の同意を得ずに、他者へ暴露することは、プライバシー侵害に当たります。**

　たとえ本人がLGBTであることを話してきたとしても、他者に同意なしに**話してよいわけではありません。**

> **性への決めつけを含む言葉や会話は避ける**
> **LGBTであることを他者へ暴露しない**

性の多様性を受け容れましょう

　LGBTであることにより差別などを受けて良いはずはありません。しかし、職場内にはLGBTを**カミングアウト**していない人もおり、誰かが分からないため、配慮のしようがない場合もあります。

そこで、LGBT かどうかで配慮するのではなく、**誰であってもどんな人であっても性の多様性を受け容れる姿勢**が求められます。仕事やプライベートなことにも、一人ひとり価値観が異なるように、**性にも人それぞれ価値観が異なります。**

性的思考が同性愛者であっても性自認では自分自身を男性と認識しているか女性と認識しているか、どちらでもないのか、このように多種多様なわけです。

LGBT を意識するというより、**誰に対しても配慮ある言動を心がけましょう。**

アウティング（暴露）にならないよう細心の注意を払う

『アウティング』とは、本人の同意を得ない状態で、**性的指向や性自認等の秘密を暴露すること**をいいます。

LGBT であることはセンシティブな情報だと認識していても、実際には気がつかないうちにアウティングになっている場合があります。

たとえば、スタッフの名簿など相手の性別が分かる書類をスタッフの目につくところに置きっぱなしにしている。

また、他事業所から人事異動で新しくリーダーになったスタッフに、スタッフの情報共有として本人の許可なく LGBT であることを伝える。

このようなことは、**自覚がないままアウティングになっている場合があります**ので細心の注意を払いましょう。

伝え方のコツ

まずは **LGBT 研修を行い、理解を深める**ことから始めます。

現在でもまだ知識が浅く LGBT に対して「気持ち悪い」との声や嫌悪感を抱く人もいます。そういった**偏見を持ったスタッフも研修で LGBT 等について学べば、ソジハラを減らすことができます。**

管理職としてのとるべき行動

被害は管理職にも相談しづらい場合があるため、職場の**相談窓口を利用す**

るように周知すると良いでしょう。

　LGBTであることを隠しているスタッフがハラスメントの被害を申告する場合、管理職に**カミングアウトをしなければ相談ができないという状況を防**ぎます。

　声を上げづらいことが原因で、なかなか**表面化しない問題も数多くあります**。

　また、LGBTであることを打ち明けられた場合、**アウティングにならないように注意しなければなりません。まずは、勇気を持って打ち明けてくれたことに感謝を伝えましょう。**

　その上で、意図せずアウティングになることを防ぐためにも、本人から**打ち明けた範囲の確認**をします。他のスタッフに**知られても良い部分と知られたくない部分などを確認**しておきましょう。

第 **4** 章

虐待・身体拘束防止

手首を握ったら虐待？

CASE 18

　老人ホームの利用者Oさん。普段は温厚な性格ですが、認知症の症状もありトイレへ行くことに関しては強く嫌がることが多いようです。介護スタッフのTさんはOさんがズボンまで失禁していることに気づき「トイレに行きませんか？」と声をかけましたが「嫌だ！」と言い、怒り出しました。

　このまま放っておけないと思ったTさんは、**嫌がるOさんの手首を強く握り、引っ張ってトイレに連れて行き**、無事に排泄介助を終えて更衣も済ませました。

　しかし翌日、Oさんの家族が来られた際に「**手首にアザがあります！虐待ですよ！**」とクレームになってしまいました。

解説

　どうしても介助をしたいのに、利用者は強く嫌がり、させてくれない。その結果、**なかば無理やりに介助をする。そうしたことによって虐待と疑われる。**

　スタッフは利用者のためと思い、**一生懸命に介助したはずなのに悪いことと思われてしまい**、どのように介助したら良いのか分からなくなることがありますよね。

　どういったことが虐待なのかを理解して、自信を持ってケアができるようになりましょう。

●虐待とは

　高齢者虐待といわれるものは大きく分けて5種類あります。

①身体的虐待

暴力的行為や外部との接触を意図的、継続的に遮断する行為

②心理的虐待

脅しなどの言葉や態度、嫌がらせ、無視等により精神的苦痛を与える行為

③性的虐待

本人が同意していない、性的な行為やその強要

④経済的虐待

本人の合意なしに金銭を使用し、または本人の金銭の使用を理由なく制限すること

⑤介護の放棄（ネグレクト）

必要な介護サービスの利用を妨げる、世話をしないこと

上記の中で事例は『身体的虐待』と疑われているケースです。アザができていることで家族からは「暴力的行為があった」と断定されてしまいました。

手首を握ること自体が身体的虐待であるとは言い切れません。しかし、**アザができてしまったこと**、**無理矢理にトイレへ連れて行った**ことは虐待と捉えられてもおかしくありません。

虐待かどうかを判別しにくいグレーゾーンが存在し、スタッフ各々の解釈で対応していては、今後も同じようなことが起こってしまいます。

そのため、**虐待のグレーゾーンへの考え方を改めていく必要があります。**

●家族は不安な気持ちを持っている

親が老人ホームに入居することで家族はホッと安心すると同時に、**不安にもなります。** 今までは自分の見える範囲で暮らしていたのが、老人ホームになると介護スタッフに委ねることで**見えないものが増える**からです。

そんな中、手首にアザがあったら**不安が募って不信感を抱いてしまいます。** それどころか、そんなことが度々続けば**不信が確信に変わり**「虐待を受けているはずだ！」と行政へ**通報されかねません。**

無理強いせず介助する方法はないかを考えましょう

　介助を嫌がる利用者に対して、無理強いするような関わり方は良いケアとはいえません。とは言え、ズボンまで失禁しているようであれば、早く着替えた方が良いのも分かります。

　利用者それぞれにベストな対応方法は異なります。まずは、チームでカンファレンスを開き、**ベストなタイミングや声のかけ方などを話し合ってみましょう**。また、**上手くいったパターンなどを情報共有して、いろいろと試してみる**のも良いでしょう。

　もし、それでも上手くいかない場合は、強引に介助するのではなく、一度離れて**良いタイミングを待つ**、もしくは**他のスタッフに対応してもらう**ことも良いでしょう。**虐待と思われるような対応をしない**ことが最優先です。

普段の様子を家族に報告しておきましょう

　利用者家族は元から不安な気持ちがあるため、このような問題があった時にだけ状況報告をされると**「ちゃんと関わってくれていないのではないか？」とさらに不安になります。**

　問題があった時だけでなく、笑顔で過ごしている様子や、イベントを楽しんでいる様子などを定期的に報告しておくと良いでしょう。利用者家族には見えない部分が報告により**見えると安心します**。

　日頃から安心してもらえるように関わっておくことが大切です。

伝え方のコツ

　高齢者虐待防止について研修を行い、スタッフ全体で**ケアの見直し**をしましょう。

　言葉遣いや介助方法で虐待のグレーゾーンはないかの検討をします。

　また、事例などを出して「このような場合はどうしたら良いと思いますか？」と質問して個人ワークやグループワークで考えてもらいます。その後、ワークでの意見を全体でシェアしましょう。

　スタッフの中には「忙しい状況だし、これくらいのケアは仕方ないのでは？」との意見が出るかもしれません。そこで「**虐待かどうかはグレーであっても、グレーゾーンも不適切な対応ではあります。だから、お互いに安心できるケアを考えましょうね**」と伝えます。

　それを理解してもらった上で「他に良いケアはないか？」をスタッフと一緒に考えましょう。

　研修などで、より良いケアの意見が出れば、**今後はその対応を行うように連絡し周知徹底します**。

管理職としてのとるべき行動

　慣れないスタッフは時に不適切なケアを行うかもしれません。

　そのような場面を見かけた場合は、**その都度個別で指導**をします。その際は「このように決まったから、これからはお願いね」と**お願いベースで伝えましょう**。

　スタッフは決して虐待をしているわけではなく『**グレーゾーンのケア**』を行っています。そのため、**相手の言動を否定することなく、新しいケアの方法に切り替えてもらうようにお願いする**のです。

　また、利用者家族とまめにコミュニケーションを取っていると**関係性が良好になります**。

　関係性が良好であれば、「なかなかトイレに行ってくれず怒られてしまって…お家ではどのようにされていましたか？」などと気軽に相談ができます。

　そうすれば、**スタッフ側の大変さにも理解を示してくれる**ので、「虐待だ！」と大きな話に発展する前に、話し合うことができたかもしれません。

親しみを込めて「〇〇ちゃん」と呼んだらクレームに！？

　グループホームに最近入居した利用者Dさん。重度の認知症があるため、スタッフの名前も顔も覚えられず、ここがどこなのかも理解できていない様子。

　そこで介護スタッフのHさんは、Dさんと少しでも仲良くなろうと名前を『**ちゃん付け**』で呼ぶことにしました。敬語も使わず「〇〇ちゃん、あっちでこれを手伝ってよー」と、**友だちのように話していました**。

　そしてHさんは、利用者Dさんの息子さんがいる前でも変わらず「〇〇ちゃーん！息子さんが来たよー。こっちにおいでー」と呼んで、楽しく会話をしていました。

　すると、息子さんから「**うちの母に対してその口のきき方はないだろ！**」とクレームになってしまいました。

解説

利用者と仲良くなろうと話していくうちに、敬語で話さず名前にちゃん付けで呼ぶようになるスタッフがいます。

「仲良くなってきたし大丈夫でしょ」と思っているかもしれませんが、相手が**何も言わないからといって何も思っていないとは限りません**。

今回の事例のようにスタッフは何も問題ないように感じていて、**クレームになってやっと気づかされる**ことが多々あります。

言葉遣いの乱れから始まり、それにより接遇のレベルが下がり、スタッフの態度も悪くなる。そして、**最終的には虐待にまで発展することもあります**。

このように、言葉遣いだけの問題では済まないことがあるのです。

● 利用者はお客様であるということ

利用者に対して親近感を持つことも仲良くなることも悪いことではありません。しかし、だからといって『ちゃん付け』で呼んで良いことになるのでしょうか？

利用者はあくまでもお客様です。周りの誰から見ても違和感のない言葉遣いや態度で接することが、プロの介護スタッフとして求められます。

● 家族はどう感じているか

家族側の視点で考えてみましょう。**親が自分よりも若いスタッフにちゃん付けで呼ばれていたらどのような気持ちになるでしょうか？**

嫌な気持ちになる人の方が多いと思います。たとえ、利用者本人がちゃん付けを嫌がっていなくても、**家族の気持ちに寄り添って、ちゃん付けをしないことです**。

> **プロの介護スタッフとして誰から見ても違和感のない接し方をする**
> **家族の気持ちにも寄り添った言葉遣いをする**

敬語でも仲良くなり、信頼関係は築ける

「敬語を使うと仲良くなれない」という人がいますが、そんなことはありません。敬語での付き合いでも仲良くなることはできます。

また、仲良くなったからといって言葉遣いを変える人もいますが、**相手が『仲良くなった』と思っているかどうかは分かりません。**『仲良くなった』『信頼関係が築けた』と自分が勝手に思っているだけかもしれません。

まだ信頼関係が築けていない中、**急に『ちゃん付け』で呼んだり、敬語を使わず話してきたら余計に信頼できなくなります。**

信頼関係は言葉だけでなく、**関わり方すべて**でお互いに築き上げていくものです。

例外がある場合は周知徹底をしましょう

認知症の症状によってはコミュニケーションの取り方に例外もあります。

スタッフとお客様といった関係よりも、スタッフが**家族のように接した方が本人は安心する**ことがあります。たとえば「夕食ができましたのでどうぞ」と配膳したら、なかなか食べてくれない利用者も「お父さん、私が夕食作ったのよ。食べてみてー」と話すと残さず食べてくれることがあります。

しかし、このようなコミュニケーションを取ると**家族から誤解され、スタッフの接遇が乱れるリスク**があります。

必ずカンファレンスなどで事前に家族やスタッフへ、これは**特別な対応であることを周知する**必要があります。

伝え方のコツ

「丁寧な言葉で話しましょう」とだけ伝えても、個々の価値観の違いによって言葉遣いはバラついてしまいます。

まずは、**どのような言葉がよいのかを伝えます。**「苗字＋さん」で呼ぶことはもちろん、入浴介助時や食事介助時など**各シチュエーションに応じた、理想的な言葉遣い**を伝えておきましょう。

また、不適切だと思われる言葉遣いをしている場面と遭遇したら、ただ注意するのではなく、**「どのような言葉だと良いのか」まで伝えます。**スタッ

フのレベルにより、他に**良い言葉はないか考えてもらう**のもよいでしょう。

　何度注意してもなかなか変わらない言葉があるようでしたら、研修やミーティングの場を活用し、**グループワークで考える**のも良いかと思います。

　上長からではなく、**スタッフ自ら導き出した言葉遣い**の方が意識して改善されやすいためです。

管理職としてのとるべき行動

　みんなの手本となるよう「**誰にでも同じように丁寧な言葉遣い**」を意識し、実践することです。これは、利用者や家族だけに限った話ではなく、**対スタッフも同じ**です。

　利用者には丁寧な言葉遣いをしていても、スタッフには**高圧的な言い方**だったり、**特定のスタッフにだけ**「**○○ちゃん**」となれなれしく呼んでいては説得力がありません。まずは、**スタッフへの言葉遣いから見直してみましょう**。

CASE **20**

　特別養護老人ホームで暮らす利用者Aさんは**歩行が不安定**で転倒リスクが高く、普段は車いすで移動していて、**認知症**もあります。

　一人になると立ち上がろうとするので、「歩きたいときは教えてくださいね」と声をかけているのですが、すぐに忘れて一人で立ち上がってしまいます。

　転倒しては危ないと思い、フロアで過ごすときは車いすの腰部分に**ベルトをつけて立ち上がれない**ようにしました。

　居室では、**ベッドの片側を壁につけ、反対側は2点柵**をして、就寝時はベッドから**自分では降りられない**ようにしました。起きたい時はナースコールを押すように伝えて対応しています。

解説

　認知症で転倒も多い利用者に対し、ケガをしないようにと、**車いすから立ち上がれないようにする**。また、壁や柵で囲み**ベッドから降りられないようにする**。こういった行為は『**身体拘束**』と言われていて、介護施設などで**高齢者の身体拘束は原則禁止**されています。

　安全を追求していくうちに、いつの間にか身体拘束をしていた、なんてことのないように、身体拘束とはどのようなものかを理解しておきましょう。

●身体拘束とは

　身体拘束とは一時的に高齢者の身体的自由を奪い、運動を抑制する行動の制限のことを指します。厚生労働省によると、身体拘束は下記のように定義されています。

　「衣類又は綿入り帯等を使用して、一時的に当該患者の身体を拘束し、そ

の運動を抑制する行動の制限をいう」（出典：昭和 63 年 4 月 8 日厚生省告示 第 129 号）

　身体拘束は高齢者の人権に関わるだけでなく、**ADL の低下や認知症の悪化**などの問題があります。

　2000 年 4 月の介護保険法の制定により、**高齢者の身体拘束は原則禁止**となりました。

●身体拘束が特例として認められる条件

　身体拘束は原則禁止ですが、特別養護老人ホームなどの運営基準の中で**認められるケースもあります**。厚生労働省が以下のように定めています。

　「当該入所者または他の入所者等の生命または身体を保護するため、**緊急やむを得ない場合**に、その態様及び時間、その際の入所者の心身の状況並びに緊急やむを得ない理由を記録すること」（出典：指定介護老人福祉施設の人員、設備及び運営に関する基準　平成 11 年厚生省令第 39 号）

　『緊急やむを得ない場合』とは下記の **3 つの要件をすべて満たす場合**のことを指します。
　①**切迫性**：生命または身体が危険にさらされる可能性が著しく高い
　②**非代替性**：他に替わる方法がない
　③**一時性**：行動制限が一時的である

　今回の事例の場合は、仮に一時性であったとしても立ち上がることが**危険にさらされるとは言い切れません**。切迫性と非代替性を満たしているとは言えないため、身体拘束を行うことはできません。

●身体拘束にあたる具体的な行為

　身体拘束禁止の対象となる行為は以下のとおりです。
　■立ち上がれないように車いすや椅子、ベッドに体幹や四肢をひも等で縛る
　■車いすや椅子からずり落ちたり、立ち上がったりしないように、Y 字型抑制帯や腰ベルト、車いすテーブルをつける

■自分で降りられないように、ベッドを柵で囲む

■転落しないように、ベッドに体幹や四肢をひも等で縛る

■点滴・経管栄養等のチューブを抜かないように、四肢をひも等で縛る

■点滴・経管栄養等のチューブを抜かないようにミトン型の手袋等をつける

■脱衣やオムツはずしを制限するために、介護衣（つなぎ服）を着せる

■行動を落ち着かせるために、向精神薬を過剰に服用させる

■自分の意思で開けることのできない居室等に隔離する

（出典：身体拘束ゼロ作戦推進会議　平成 13 年 厚生労働省）

> **身体拘束は原則禁止**
> **3つの要件をすべて満たす場合のみ身体拘束が認められている**

利用者の行動には理由がある

転倒・転落の危険がある行動には何らかの理由があります。もしかしたら、トイレに行きたくて立ち上がったのかもしれません。不安や寂しさがあるのかもしれません。

認知症の場合は、理由を直接聞いても分からないかもしれませんが、必ず理由はあります。「何度お願いしても変わらない」と思うことも、**行動の理由を考え、そちらにアプローチしたケアを行うことで大きく改善される**場合もあります。

まずは、「**なぜ、そのような行動をするのだろう？**」と考える習慣をつけましょう。

身体拘束をしなくてもよい環境を目指しましょう！

転倒するとケガをするからといって、安易に身体拘束をしてはいけません。身体拘束により精神的な苦痛を受け、混乱をまねき、**落ち着かない原因**となります。そうなることにより、**余計に転倒リスクを上げてしまいます。**

何度言っても立ち上がってしまう利用者には、無理に座らせるのではなく、まずは**環境の改善**をしましょう。残存機能を生かして安全に行動できるよう、

立ち上がりやすい位置に手すりを設置する、**椅子の座面を適切な高さ**にする、また、**排泄のタイミングなどを検証**し、うろうろとする前に声をかけてトイレへ行けるようにするなど、まだまだ検討できることはあります。

伝え方のコツ

「身体拘束をしてはならない」ということに加えて「事故は起こしてはならない」というと、スタッフには大きなプレッシャーになります。

すると、何度言っても立ち上がろうとする利用者に対して、**怒りの感情が生まれます**。その結果、陰で身体拘束をするようになったり、虐待につながることにもなりかねません。

スタッフには身体拘束は原則禁止であることを伝えると同時に「**事故はどれだけ気をつけていても、起きることはある**」と認識してもらいましょう。

介護スタッフの任務は、事故を完全になくすことではなく、事故のリスクを合理的な範囲で減らすとともに、それでも起きてしまった**事故に対して早期に適切な対応をすること**であると伝えましょう。

管理職としてのとるべき行動

身体拘束をせざるを得ない状況の場合、ただ身体拘束を実施するのではなく、「なぜ身体拘束をしなければならないのか」について、前述の『**3つの要件**』を施設全体で検討し判断します。また、**検討した記録を残しておきます**。

そして、利用者本人や家族に対して、緊急やむを得ない身体拘束である旨を説明し、身体拘束の目的や内容、拘束の時間、時間帯等を詳細に説明し、**十分な理解を得る**ようにします。

施設内では「**身体拘束廃止委員会**」などのチームを作り、ルールや**手順を定めておきましょう**。その後も「やむを得ない状況なのか？」どうかを**常に観察し、定期的に再検討します**。要件に該当しなくなった場合は、直ちに解除するようにします。

「ちょっと待って！」は言葉の拘束（スピーチロック）

CASE 21

　介護老人保健施設で働く介護スタッフのWさん。今日は急きょ欠員が出て、**普段よりも忙しくバタバタとしています。**

　ある利用者さんから「トイレに行きたい」と言われてトイレまで車いすを押していました。すると、他の利用者さんからも「部屋に帰らせてー」と言われてしまい、今は対応できないため「**ちょっと待って**」と伝えました。

　しかし、待ちきれなかったためか立ち上がろうとしてしまい…。

　転倒リスクが高い利用者さんだったため「**ちょっと待ってと言ったでしょ！立たないでください！**」と声を荒らげてしまいました。

解説

　人手不足で忙しい中だと、事故を起こさないように「**ちょっと待って**」や「**立たないで**」といった言葉をつい発してしまいたくなりますが、これは『**スピーチロック**』といって、**不適切なケアに当たります。**

　介護をする中で『スピーチロック』という言葉をよく耳にするかと思います。

　しかし、人によってはスピーチロックが何なのかを理解しておらず、**気づかないうちにスピーチロックを日常的に使っている**ケースもあります。

　コミュニケーションは介護に欠かすことのできないものです。スピーチロックを理解して、**より良いコミュニケーション**が取れるようになりましょう。

●スピーチロック（言葉の拘束）とは

　スピーチロックとは『**言葉の拘束**』を意味していて、介護現場では**不適切**

とされる行為です。「ちょっと待って」や「立たないで」などに代表される言葉は、**相手の行動を制限する言葉**ですのでスピーチロックに当たります。

　また、スピーチロックを含め介護現場において、やってはいけない３つのロック『**スリーロック**』があります。

　スリーロックとは『**スピーチロック**』『**フィジカルロック**』『**ドラッグロック**』の３つのことを指します。

　『**スピーチロック**』とは、「立たないで」などの言葉により**行動を制限する拘束**のことです。

　『**フィジカルロック**』とは、つなぎ服やベルトで固定するなどして**物理的に行動を制限する拘束**のことです。

　『**ドラッグロック**』とは、**薬の過剰投与や不適切な投与を行う**ことにより**意欲を低下**させるなどして行動を制限する拘束のことです。

　どれもやってはいけない行為ですが、中でもスピーチロックは言葉を使うだけなので**日常的に起きやすい側面**があります。

　何気ない会話の中で起こり得る行為であるため、自覚していないことも多々あります。そのため、**現場全体で意識しないとなくすことができません**。

●スピーチロックが起こす悪影響

　介護現場でスピーチロックが常態化すると**利用者への悪影響**が考えられます。スピーチロックが起こす悪影響には大きく３つ『**認知症が悪化する**』『**コミュニケーションが減る**』『**行動意欲が低下する**』があります。

　『**認知症が悪化する**』は、特に認知症を患っている利用者だと、なぜ自身の行動を制限されたのか理解できない場合があります。

　スピーチロックを繰り返しされることにより過度なストレスがかかることがあります。**ストレスをため込んでしまうと被害妄想など精神的な面で不穏な状態となり、認知症が悪化する**リスクがあります。

　『**コミュニケーションが減る**』は、スピーチロックをされるとそのスタッフとの**信頼関係が築けません**。関係が悪くなると**コミュニケーションを取ることが減ります**。すると必要な情報が得られにくくなってしまいます。

　それにより、**理想的なケアが難しくなります**。

『行動意欲が低下する』は、「ちょっと待って！」や「立ったらダメ！」などの言葉を日々言われ続けると、**「自分から勝手に動いてはいけない」**と認識され、自ら何かをしようとする意欲がなくなってきます。

そうなることで、身体を動かすことが減り、結果的に**筋力の低下や ADL の低下**につながります。

> スピーチロックは日常的に起きやすい
> スピーチロックは様々な悪影響を及ぼす

スピーチロックにならない例文集を作りましょう

スピーチロックも**言い換えるだけ**で、スピーチロックに当たらない形の言葉になり、印象が大きく変わります。

たとえば「ちょっと待って」だとしたら**「トイレの掃除を済ませたら戻りますね。あと5分ほどお待ちください」**というように**「なぜ待たされるのか、いつ戻ってくるのか」**と、内容を**具体的**にします。

また、「立たないで」の場合は**「ここで座って待っていてくださいね」**というように**「相手のとった行動を否定せず、お願いする」**ように伝えます。

スピーチロックをついついしてしまうスタッフは、そもそも**「どのように言ったら良いのか」**を知らない場合があります。普段よく使いがちな『スピーチロック』の言葉をスタッフ間で考えて変換し、スピーチロックにならない言い方の**例文集**を作りましょう。

例文集を作っておくことで、良い言葉が思いつかないスタッフも安心できます。

依頼形で伝えましょう

基本的に**依頼形であればスピーチロックにはなりません。**

「〜しないで」の否定系ではなく「〜してもらえませんか？」とお願いするようにします。

たとえば「大きな声を出さないでください」ではなく**「ここでは静かにし**

てもらえませんか？」と伝えるのです。

また、依頼形の言葉の前に「申し訳ないのですが」や「お手数をおかけしますが」などのクッション言葉をつけると相手も受け止めやすくなります。

伝え方のコツ

前述のとおり、**問題なのは『言い方』**なのです。

スタッフによっては「**こんな状況なので、スピーチロックも仕方ないでしょ**」などと言う人もいるでしょう。

それに対し、現状が忙しいことは否定も肯定もせず「その気持ちはわかりますよ」といったん受容した上で「**ただ、言い方を変えてみるだけだから。まずはやってみようよ**」と伝えましょう。

「管理職の私であっても、まだまだできていないこともある」とした上で、みんなで意識し合い、**誰にでも注意し合えるような環境にしましょう。**

管理職としてのとるべき行動

業務内容の見直しなど、**職場環境の改善**を図りましょう。

スピーチロックはスタッフ個人の意識の問題だけではありません。職場の環境改善も必要です。

人員不足により業務が多いことや、**時間に追われて心に余裕がない**、失敗すると**叱責されることへの不安**などから起きていることもあります。

それを棚に上げてスタッフの意識の問題だけにスポットを当ててしまうと、管理職への不満がたまり、スタッフのモチベーションは下がってしまいます。

無理なタイムスケジュールになっていないか、予定通り業務が進まないと責められる風潮になっていないかなど、一度見直してみましょう。

少々遅れても問題ないことでも、スタッフ間では「早くしないといけない」「早いに越したことない」などの風潮が生まれる場合があります。**急いでケアをするのが習慣化されたことで、スピーチロックが起きてしまう**のです。

少々遅れても問題がないことを伝え、**心に余裕を持てるような職場環境を**目指しましょう。

第**5**章

知的財産権

施設内で貼り出すだけなら

CASE 22

　有料老人ホームで働く事務員のAさん。施設に来られたご家族やケアマネージャーにイベントを知ってもらおうと、施設の掲示板に案内を掲示しています。

　イベント案内はAさんが作成しているのですが、**自身が描いたオリジナルのイラスト**をいつも入れるようにしていました。

　しかし、最近は忙しく他の業務に追われることもあり、時間短縮のためにインターネットで検索して見つけた、**有名なキャラクターのイラストをコピー**して貼り付けて案内を作成するようになりました。

　キャラクターの著作権などが気になりましたが、Aさんは「**施設内で貼り出すだけだし、大丈夫だろう**」と判断して**施設内だけに限定**して貼り出しているようです。

解説

　イベントの案内や掲示物を作成する際に、文字だけだと寂しいのでイラストを添えて見栄えを良くすることもあるでしょう。そのような**老人ホーム内での掲示物にも著作権には注意する**必要があります。

　添えるイラストがオリジナルで描かれたものなら問題はないのですが、有名なキャラクターなどを**無断でコピーして利用するのは問題**です。

　著作権を理解しておかないと、何かあった場合に訴えられるなどしてしまいます。

●著作権とは

　著作権とは、著作者の創作した著作物が、**無断で利用されないようにするための権利**です。他人の著作物を**許可なく利用すると『著作権の侵害』**となります。

　著作権は法律で定められたものです。侵害した場合は訴えられ**損害賠償などを請求されること**や刑事罰を受けることもあります。

　例外はありますが、イラストや写真などは有名無名に関係なく、**必ず誰かが著作権を持っている**と考えておきましょう。

●拾い画の使用は絶対にダメ

　Web 上で検索をして、イメージに合うイラストを**コピーやスクリーンショットで転用**する、いわゆる**『拾い画』は絶対に使用しない**でください。

　たとえ多くの人が Web 上で使用しているイラストであったとしても、そのイラストの出所が不明だと、著作者が定めている『利用規約』を確認することができません。

　突然訴えられ、**多額の損害賠償を請求される**こともあります。

> イラストなどには著作権がある
> 拾い画の利用で多額の損害賠償を請求されることもある

「フリー素材」にも著作権はある

「フリー素材」であっても著作権を放棄しているわけではありません。ほとんどの場合、**利用規約があり利用範囲を定めています。**

たとえば「無料で商用利用はOKですが、コピーライトを入れてください」などの注意書きがある場合には、著作権を全面的に放棄しているわけではなく、著者が条件付きで使用を認めているものだと考えられます。

フリー素材を使用する場合でも、使用上の注意書きなどをよく読み、著作権者（作者）に対して敬意を払って活用しましょう。

伝え方のコツ

著作権については、「これくらいはいいだろう」と安易に考えてしまいがちですので、注意が必要です。

間違った対応をしたがために大きな問題に発展することも考えられます。まずは著作権について理解してもらい、その上で利用規約に問題のない『フリー素材のWebサイト』を一つ決め、そのサイトでのみダウンロードを行うように指示を出しましょう。

管理職としてのとるべき行動

掲示物の作成は、介護の仕事とはまた違う知識や技術を必要とする業務なので、**得意な人にやってもらうようにしましょう。**

誰でも平等にと思い、交代制で業務を振ってしまうと**苦手な人には大きな負担**となります。プレッシャーで辛くなって仕事が嫌になる人も出てしまいます。

また、反対に**得意な人にはちょうど良い息抜き**になり、自分の活躍の場所を与えられて**モチベーションアップにつながります。**

完成した掲示物は、**管理職が必ず目を通して承認した形で**掲示しましょう。

第**6**章

就業規則と労働法規

忙しい時期に有給休暇！？

特別養護老人ホームで働く常勤介護スタッフのＡさん。主任に「有給休暇もいっぱい残っているし、**年末年始の１週間休みます！**」と申し出ました。

特養の介護スタッフは年末年始も休みはない職種。夜勤も含めて３交替制でシフトが組まれています。

他の常勤スタッフからは「こんな忙しい時期に困る」や「私は１日だけ休む希望を出したのにズルい」などの声が上がっています。

しかしＡさんは「**有給休暇を使うのは権利だから、いつでも自由に使っていいでしょ**」と主張しています。

解説

年次有給休暇の取得は働く者の権利であることに間違いはありません。

しかし老人ホームなどの介護スタッフの場合、年末年始だろうと定休日などはなく、交替勤務でシフトを組んでいます。

普段から暦通りの休日に休むことができない職種ですから、誰もが**年末年始くらいは休みたいと思っている**ことでしょう。

もし、大半のスタッフが権利を主張し年末年始の１週間を有給休暇で休むとどうなるでしょう。人員が足りず、**必要なケアが提供できなくなるかもしれません**。

● **年次有給休暇とはどのような制度？**

年次有給休暇とは、労働者の心身の疲労を回復し、ゆとりある生活を送ることができるように付与され、**有給で休むことができる休暇**です。

また、有給休暇は付与されても取得せずに**２年間が経過した場合は時効**

により消滅してしまいます。

　有給休暇の付与条件は、『雇入れの日から起算して6か月間継続勤務した』『全労働日の8割以上を出勤した』です。

　常勤介護スタッフであれば、**6か月間の勤務により10日間の有給休暇が**与えられ、その後**1年継続するごとに有給休暇が与えられる**という仕組みになっています。パートなどの所定労働日数が少ない労働者にも**週の所定労働日数などに応じて年次有給休暇は付与されます**。

●事業者側には取得日を変更できる権利がある

　年次有給休暇は基本的にはスタッフが**希望する日に与えなければならない**ルールとなっています。

　しかし、忙しい時期に休暇希望者が多く重なった場合など、施設を**正常に運営することができない場合**に限り、施設側は希望する日とは**別の日に有給休暇を取得してもらうことができる権利**があります。

　この権利を『時季変更権』と呼びます。『そのスタッフにしかできない重要な業務が予定されている』や『休暇を取得することでケアができないほどの人員不足が発生する』などの**正常な運営を妨げる場合に該当した際、変更することができます**。

> **年末年始は誰もが休みたい！ 長期休暇希望は慎重に**
> **事業者には時季変更権がある**

長期休暇の希望は事前に相談しましょう

　老人ホームのように交替勤務のシフト制の場合、長期休暇を取ると**他のスタッフのシフトにも大きく影響**します。

　数カ月先の予定であっても、家族旅行などで長期休暇が決まっているのであれば、**決まった段階で上司に相談しましょう**。

休暇希望が認められないこともあることを理解しましょう

本来は、有給休暇の取得理由を尋ねられても、**答える義務はありません。**

しかし、理由は不要であるとしても、同日に複数のスタッフが有給休暇の申請をすることがあった場合、**取得理由を確認し、緊急性を比較検討して取得する人や変更をお願いする人を決める**ことになります。

管理職は、誰が取得するのかを決めますが、決めるのは簡単なことではありません。希望の休暇が取れるように、どうしても休まないといけない事情があるなら、上司に伝えてお願いしておくとよいでしょう。

先に事情を説明しておけば、休暇を認めてもらいやすくなります。

伝え方のコツ

時季変更権は「有給休暇の取得日の変更」をする権利であり、有給休暇の取得を**拒否することはできません。**

そのため、たとえ年末年始であっても「**年末年始に有給休暇は取得できません**」や「**みんなが納得するように有給休暇の取得理由を説明してください**」といった対応をすると**ハラスメントに該当する**可能性があります。

とはいえ、家族や親せきとの予定で、年末年始にどうしても休まないといけないスタッフもいることでしょう。

スタッフには「**連休を取らないといけない人がいたら、なんとかなるように考えますので、事前に相談してくださいね**」と伝え、「年末年始は絶対に休めない」と誤解されることのないようにしましょう。

管理職としてのとるべき行動

時季変更権は裏を返せば、**問題なく業務が回るのであれば取得日を変更できません。**基本的にはシフト作成の段階で取得日の変更を依頼しなくても済むようにしましょう。

忙しい時期が事前に分かっているなら、スタッフに個別で確認し、**休みの希望日を調べます。**そこで、日が重なった場合は、予定を動かせる人はいないかなど、個々にお願いをして希望日が偏らないようにしましょう。

「みんなのために」と勝手に働いても大丈夫なの？

CASE **24**

　グループホームで働く介護スタッフのUさん。後輩思いのなんでも手伝う頑張り屋さん。

　就業時間が過ぎ、帰る準備をしていても、困っているスタッフを見かけた場合は「手伝うよー」と言い、**1時間程業務を手伝ってから帰っています。**

　また、他のスタッフとお昼の休憩に入ろうとしたときも「先に休憩入っといてー」と言ってUさんは他のスタッフよりも**休憩時間を取らず15分程度休憩して業務に戻っています。**

　Uさんの身体を心配した他のスタッフは「大丈夫なの？」と声をかけましたが「自分が好きでやっているから気にしないで。事業所に迷惑かけないように**残業代の請求はしていないし。大丈夫よ**」との返事。

　周りのスタッフからは「**Uさんと一緒だと休憩しにくいなぁ…**」との声がちらほら聞こえてきました。

解説

　仕事へのやる気があることは良いのですが、**休憩時間中に仕事をしたり、就業時間を過ぎても仕事をしているにもかかわらず残業代が支払われないこと**は、労働基準法では違反になります。

　残業代を請求しなければ、勝手に好きなだけ働いてよいわけではありません。また、勝手なサービス残業は、身体的な負担増になるだけでなく、**チームワークを乱す原因**にもなります。

● **休憩のルール**

　労働基準法では、長時間働く場合に定められた時間の休憩を与えないといけないルールになっています。

　1日の労働時間が6時間を超える場合には少なくとも45分、8時間を超える場合には少なくとも60分の休憩を勤務時間の途中で与えなければいけません（労働基準法第34条）。

　休憩中にケアなどの対応をするように**指示された場合**、その時間は休憩時間とはならず、**労働時間とみなされます**。これは、たとえ指示されておらず自主的に動いていたとしても、行われている状況を**上長が注意していない場合は「労働を黙認している」と捉えられ、問題となるケースがあります。

● **サービス残業が常態化されるリスク**

　Uさんは良かれと思って1時間程業務を手伝ってから帰っていますが、このようなことをくり返していくとサービス残業が常態化する場合があります。

　常態化すると「サービス残業は良いこと」といった風潮や「定時に帰るスタッフはやる気がない」などといった考え方が生まれかねません。

> 労働時間に合わせて休憩時間は定められている
> サービス残業がチームワークを乱す原因になることがある

残業は上長に許可を取ってから行う

　シフトにより決まった時間から働くことと、**決まった時間に帰ることが決められています**。帰る時間に対しての認識が薄い人がいますが、どちらの時間も定められています。

　残業をする場合は、必ず上長に残業する旨を**報告して許可を得なければなりません**。

伝え方のコツ

　定刻になれば「時間になったから帰っていいよ」と、**その都度スタッフに直接伝えること**が大切です。

　出勤時間になってもスタッフが来ていなければ、遅刻や欠勤なのかを確認するのと同じ。退勤時間になってもまだ残っている人がいれば、**こちらから声をかける**のです。

　また、イレギュラーな対応による残業を除き、自ら進んで残業するスタッフは「〇〇のために」と思い行動する**自己犠牲タイプ**や「絶対にやらなければならない」と思う**完璧主義タイプ**が多い傾向にあります。

　そのようなタイプは、初めのうちは問題ありませんが、残業を続けていくうちに**自ら疲れ果てて燃え尽きてしまいます**。

　そうならないために「**なんとかなるから大丈夫だよ**」や「**仕事が残っていても大丈夫だからね**」と安心してもらえるように声をかけましょう。

管理職としてのとるべき行動

　「残業せず定刻に帰ることは素晴らしいこと」と**残業をしない人を高く評価**しましょう。残業をせずに帰れているということは、それだけ**段取りよく仕事ができる優秀なスタッフ**とも言えます。

　定刻に帰ることが評価されると、**スタッフ同士が協力し合い**、業務が途中でも誰かにお願いして帰るようになります。これが**良いチームワークを生み出す**のです。

残業を放置すると、いつの間にか「残業は頑張っている証拠」といった文化が生まれることがあります。

　すると、定刻で帰ろうとするスタッフの肩身が狭く、働きづらくなってしまいます。『**残業をしない人が称賛される文化**』を作り上げましょう。

　また、36協定（時間外・休日労働に関する協定届）が労働基準監督署に提出されていなければ、そもそも**残業をさせることができません。**

　介護の現場では想定外のことが起こり、残業せざるを得ない状況も考えられます。そんな中で36協定を提出していないとなると、サービス残業どころか**残業自体が違法**となってしまいます。

　残業を行わせる可能性が少しでもあるなら、**36協定は必ず提出しておきましょう。**

不摂生からの体調不良…体調管理も仕事なの？

CASE **25**

　　訪問介護事業所で働く、ホームヘルパーの O さん。プライベートでよく友だちとお酒を飲みに行っているらしく、今日はどうやら**二日酔いの様子**…。

　　サービス提供責任者に「今日ちょっと調子が悪くて…訪問数を減らしてもらえませんか？」とお願いし、今日は少し**余裕のある業務に変更してもらう**ことにしました。

　　また、スタッフの健康診断があり、医者からは「一度**精密検査を受けた方がいい**ですね」と指導を受けましたが、O さんは「今は痛いところもないから大丈夫。それに、面倒くさいしー」と言って、**精密検査をいつまでも受けようとしません。**

解説

　「体調管理も仕事のうち」とよく聞く言葉ではありますが、どれだけ意識していようと体調を崩すことはあります。それを「責任感がない」「プロ意識が足りない」などと責められては働く側は参ってしまいます。

　しかし事例のような場合は、いかがでしょうか？

　プライベートな部分とはいえ、**翌日の勤務に影響が出るようなお酒の飲み方をして他のスタッフへ業務のしわ寄せが来ています。**これでは無責任と言われても仕方がありません。

●自己責任の体調不良とは

　なんでもかんでも『体調不良＝自己管理不足』というわけではありません。体調不良には大きく2種類あります。

　一つ目は『**不可抗力により自分では防ぐことができないもの**』。

103

そして、二つ目は『自身の管理次第で未然に防ぐことができたもの』です。

前者は、食中毒や風邪などがそれに該当します。後者は、**食べ過ぎによる下痢や腹痛、飲み過ぎによる二日酔い**などです。

前者は、予防や意識することはできても避けられないものなので仕方がありません。後者は**自ら意識すれば食べ過ぎや飲み過ぎを防ぐことはできたは
ず**です。

後者のような体調不良で休んでばかりだと**「自己管理がなっていない」**と**責められて当然**です。

●健康診断・健康管理の義務

労働安全衛生法では、事業者はスタッフに対して医師による健康診断を実施する義務を課しています。また**スタッフに対しても、医師による健康診断の受診義務を定めている**ため、スタッフは事業所所定の健康診断を受けるか、同等の診断結果を提出しなければなりません。健康診断は、自分の健康を守るためのものです。定められた健康診断を受け、結果を自分の健康管理に活かしましょう。

管理次第で防げる体調不良は自己責任
事業者はスタッフの健康管理も義務となっている

日頃から体調管理とリスク管理をしましょう

自身で意識して改善できる健康管理としては、食べ過ぎや飲み過ぎをなくすのはもちろん、**睡眠を意識すること**も大切です。

睡眠不足だと集中力が欠けるだけでなく、免疫力低下のリスクもあり、体調を崩しやすくなります。また、普段から**適度な運動をして体力をつけておきましょう**。

帰宅後は**うがいや手洗い**などで感染症のリスクを未然に防ぐことも大切です。いつもと違って調子が悪いなと感じたら、**無理をせず早めに寝て次の日に備える**など、できる限りの対策をしましょう。

チームのためにもベストコンディションを維持しましょう

体調が悪いと自分のパフォーマンスが下がり、**質の低いケアになる**ことがあります。介護のプロである以上、「体調が悪いから今日は仕方ないよね」というわけにいきません。

介護は、たとえるなら野球と同じように**チームで動いています**。たった一人メンバーの調子が悪いだけで、**チーム全体の動きが悪くなります**。

チームであることを意識して、周りのスタッフに迷惑をかけないよう、**いつでもベストコンディション**でいられるようにしましょう。

伝え方のコツ

健康管理を「チームのため」や「プロ意識」といった部分だけにスポットを当てて伝えてしまうと、スタッフによっては「**私にはそんなことは関係ない**」と思う人もいます。

そこで、「**体調不良になって一番困るのは自分自身なんだよ**」と健康を維持することが何より**自分のためであることを理解してもらいましょう**。

体調不良で休めば当然給与は減ります、仕事が滞れば上長や同僚からの評価も下がります。

それどころか介護職は体を使う仕事です。**健康でなければ仕事を続けられません**。さらに大きく捉えれば、プライベートも同じです。**健康を維持することで旅行や趣味などを自由に楽しめる**のです。

管理職としてのとるべき行動

体調不良による欠勤の連絡があれば、不摂生が理由であろうとまずは**相手の体調を気づかい早く元気になれるように休んでもらいます**。

しかし、管理職には健康管理義務もありますので欠勤が頻繁であったり、勤務中も体調が悪いようであれば、**受診や検査を提案しましょう**。

また、定期健診で『**要再検査・要精密検査**』の項目があれば放置させず、**検査するように促しましょう**。

熱があるのに無理して出勤

　デイサービスで働く介護スタッフのWさん。明日は一大イベントのクリスマス会。スタッフ全員明日のイベントへ向けて張り切っています。

　そんな中、Wさんは今までの疲れもあるのか、**体調がすぐれない様子**。咳をしているWさんに、主任は「今日は早く帰って安静にしてください」と指示を出し、Wさんは早退することになりました。

　そしてクリスマス会当日、Wさんは**シフト通り出勤**してきました。他のスタッフからの「大丈夫なの？」との声にWさんは「**熱はないから大丈夫です**」と答え、業務につきました。

　　無事にクリスマス会は終わり、片付けをしていると W さんがかなり辛そうにしていたので**検温をすると 39.3 度**。

　　主任からすぐに帰宅して受診するように言われ、クリニックで検査した結果は**『インフルエンザ』**とのこと。

　　翌日、クリスマス会に参加したスタッフや利用者から**インフルエンザの感染が発覚**しました。W さんは当日の朝、起きたら熱があったため**解熱剤を飲み、熱が下がったから出勤していた**ようです。

解説

　どこの事業所もインフルエンザや新型コロナウイルスなどの感染症に対して、感染症対策は行っていることと思います。

　しかし、スタッフの「これくらいなら大丈夫だろう」といった、**ちょっとした気の緩みから感染が爆発的に広がる**ことがあります。

　今回の事例ではスタッフが無理をした結果、感染症を広げてしまったケース。体調不良のスタッフが無理をして出勤したことが発端ではありますが、事業所側の**対応次第では感染拡大を防ぐことができたかもしれません。**

●**感染症を広げてしまうリスク**

　高齢者は**免疫力が低下しており持病などもある**ため、風邪やインフルエンザなどに**感染しやすく、ひどい場合は肺炎になり重篤化することもあります。**

　スタッフにとっては症状が軽くても、感染した高齢者も同じような症状になるとは限りません。

　少し咳が出るだけで動ける状態であっても熱が出ているのであれば、出勤前に**上長へ報告相談**し、仕事を休んで**クリニックへ受診**に行くなどしましょう。

●**無理をしてしまうスタッフ**

　無理をしてしまう要因に「**急な欠員による他のスタッフへの負担**」や「**給**

与が減るのは困るが有給休暇を使いたくない」などの理由があります。

そのため、体調が悪くても**報告せずに無理をしてしまう**傾向があります。

> 高齢者は感染しやすく重篤化することがある
>
> 人員不足や給与を理由に無理をしないこと

出勤前に検温をしましょう

感染症まん延防止のため、出勤時に**自宅で検温をする習慣**を身に付けましょう。

事業所内のルールとして、体温が**何度以上だった場合は上長に報告**するなどを決めておきましょう。

休む理由ははっきりと伝えましょう

体調不良で休む場合はただ「体調が悪い」というだけでなく**体温や症状、いつ頃から調子が悪いのか**、など曖昧にせず**はっきりと伝えましょう**。

他にも同じ症状で欠勤しているスタッフがいるかもしれません。

状況を把握していれば、感染症の拡大を防ぐために**早い段階から対策が打**てます。

クリニックで受診し検査結果を伝えましょう

少しでも感染症の疑いがあるのなら、必ず**受診して検査をしてもらいましょう**。また、検査結果は**陰性であっても陽性であっても上長に報告**をしましょう。

もし陽性であった場合は、医師の指示に従って**出勤停止期間は休む**ようにします。

伝え方のコツ

介護スタッフは**感染症がまん延することを防ぐ**のも仕事のうちです。自身が媒介者になるようなことは絶対に避けなければなりません。

「自分が休んだことによる周りへの負担よりも、感染がまん延することの方がチーム全体の大きな負担になるんだよ」と伝えて**休むことの大切さ**を理解してもらいましょう。

また、お互いに気兼ねなく休むことができるような配慮も必要です。

休むことになったスタッフへは「**こっちは大丈夫だから安静にして休んでね**」とだけ伝えて、**シフトや業務に関することで不安にさせないよう**にします。

管理職としてのとるべき行動

万が一、感染が広がってしまった場合「**誰のせいで感染が広がった**」などという雰囲気になることがありますが、決して「**誰が**」**といった話はしない**ようにしましょう。

今起きている**現状とこれからの対策**の話だけを伝えます。感染は目に見えるものではありません。熱が出て発症した人はわかっても、**最初の媒介者が誰かまではわかりません**。発症した人に責任を感じさせてしまうと、結果的に**体調不良を隠す人や責任を擦り付ける人が現れて**しまいます。

また、社会福祉施設等で感染症が発生した場合は、速やかに適切な対策を行うとともに、保健所に報告が必要になる場合があります。

下記の**報告基準を満たしている場合は必ず保健所へ報告しましょう**。

●保健所への報告基準

①同一の感染症若しくは食中毒による又はそれらによると疑われる**死亡者又は重篤患者が 1 週間以内に 2 名以上発生**した場合

②同一の感染症若しくは食中毒の患者又はそれらが疑われる者が **10 名以上又は全利用者の半数以上発生**した場合

③①及び②に該当しない場合であっても、通常の発生動向を上回る感染症等の発生が疑われ、特に**施設長が報告を必要**と認めた場合

（厚生労働省通知 社会福祉施設等における感染症発生時に係る報告について　令和 5 年 4 月 28 日一部改正）

CASE **27**

　老人保健施設で働く介護スタッフのKさん。テキパキと動き、Kさん自身「仕事の速さだけは誰にも負けない」と豪語しています。

　しかし、そんなKさんも少々雑なところがあるようです。歩行が不安定な利用者をトイレへ連れていく際、利用者が**靴のかかとを踏んづけた状態で移動介助**をしたり、食事の介助を始める前に**義歯の装着を忘れて慌てて装着**することがあるようです。

　そんな中、利用者の歩行介助をしているときに、**ふらついて転倒しそうになりました**。そのときKさんが利用者をすぐに支えて、結果的に転倒することはなかったのですが、利用者は**靴のかかとを踏んづけた状態**でした。

　その場に居合わせたスタッフからは「ヒヤリハット報告書を書いた方がいいよ」と言われましたが「事故じゃないし、わざわざ書くほどのことじゃないよ」と言い、書こうとしませんでした。

　すると後日、また**同じ利用者がトイレへ移動の際に、ふらついて転倒してしまいました**。

解説

　今回の事例では利用者が靴のかかとを踏んづけた状態で移動介助をしています。その後ふらつくこともありましたが、転倒にはいたりませんでした。

　ヒヤッとしたはずなのですが、**何の対策もせずそのままの対応だったためか、ついに転倒してしまいました。**

　事故があれば事故報告書を提出しなければいけません。しかし、ヒヤリハット報告書に関しては**気がついた人が自主的に書くもの**であるため、Kさんのように書く習慣がない人はあまり書いていないかもしれません。

　しかし、**事故を防ぐためにもヒヤリハット報告書を書くことは、とても重要です。**

●ヒヤリハットとは

　「事故にはならなかったがヒヤッとした出来事」を指す言葉です。その出来事を記録したものが『ヒヤリハット報告書』です。

　ヒヤリハットはヒヤッとしたりハッとしたりしたことですが、事故との大きな違いは**「実際に起きた」**のか、それとも**「起きる前に未然に防げた」**のかの違いです。

　たとえば間違えて他の利用者の薬を服用してしまったのであれば、体調の変化がなくても、これは**『起きたこと』なので事故**となります。服用の途中で名前の違いに気づき間違わずに済んだのであれば**『未然に防げた』のでヒヤリハット**となります。

●重大事故とハインリッヒの法則

　ハインリッヒの法則とは、**「1:29:300の法則」**とも呼ばれており、**「重大な事故が1回あったとすると、軽傷の事故が29回、無傷の事故が300回ある」**という法則です。この**300回の無傷の事故がヒヤリハットに当たります。**1回の重大事故を防ぐためには日頃から頻繁に起きている300回のヒヤリハットに気づき対策することが重要です。

未然に防げたがヒヤッとしたなら『ヒヤリハット』
300回のヒヤリハットの対策が1回の重大事故を防ぐ

ヒヤッとしたらまずは報告しましょう

ハインリッヒの法則からも分かるように、数多くのヒヤリハットに対して対策や改善をくり返していくことで、重大な事故を防ぐことができます。

ほんの少しだけヒヤッとしたことでも**何か気づいたのなら、ヒヤリハットとして報告を上げるようにしましょう**。とにかくたくさんの事例を挙げて検討することが重要です。

事故が起きた後で「そういえば最近、様子が変だったよね」など、後になって気づくことがあります。そういったことを**事前に気づき、話し合えていれば事故を防ぐことができた**かもしれません。

また、数多くの事例を検討することで一人ひとりの傾向が見えてきます。数が少なければ気づけないものも、**数が増えることで課題が明確化**します。

5W1Hに沿って記入しましょう

事故報告書とは違い、あまり詳細に書こうとすると書くこと自体が面倒になってしまいます。数多く報告したいのに、書くことが嫌になっては元も子もないので、**簡単に要点をおさえて書きましょう**。

基本的におさえる点はいわゆる『5W1H』です。

いつ（When）いつ発生したのか、**どこで（Where）**どこで発生したのか、**誰が（Who）**誰のことか誰が関わっているか、**何が（What）**何が起きたのか、**なぜ（Why）**発生した原因、**どのように（How）**どう対応したか。

上記の内容をおさえて書くことで、わかりやすい報告書となります。事例の検討が目的の書類ですので、**分かりやすく簡潔に書きましょう**。

伝え方のコツ

まずはスタッフに向けて**「ヒヤリハット報告書を出すことは評価すべき良**

112

いこと」と伝えましょう。

　実際にヒヤリハット報告書を提出するには、**いろいろなことに気づく力が必要です**。自ら意識して考えないと、危険だったことにも気づけません。

　そのため、ヒヤリハット報告書を多く出す人は**気づきが多く、意識してケアをしている人**だとも言えます。そのような報告書なので、書かれている気づきや視点に対して**良い点を見つけてフィードバック**し、書くことにやりがいを感じてもらえるようにしましょう。

　また、提出してもらうことで、その気づきをスタッフ間で共有します。すると、**普段意識していなかったスタッフも利用者に対しての新たな視点が持てる**ようになります。

　視野が広がれば他のスタッフも**ヒヤリハット報告書を書く力がつき、書くことが苦にならなくなります**。

管理職としてのとるべき行動

　ヒヤリハットの事案に対して、**ミーティングで話し合う場を設けます**。

　ミーティングは当事者だけでなく他のスタッフも交えて複数人で話し合いましょう。

　短時間であっても定期的にミーティングなどで話し合う機会を作り、**検討や改善を繰り返せるようにします**。

　ヒヤリハットの内容は事故ではないことから利用者家族への報告の義務はありません。しかし、利用者の心身の変化を報告することで、**今後事故が起きやすい状況**であることを伝えて理解してもらうことも必要です。

　また、家族に相談することで**事故を防ぐための対応策（食事形態の変更や介助方法の変更など）**を事前に承諾を受けて進めることができます。

　事故を減らすためにも、万が一事故が起きた場合に**クレームにならないためにも**、**家族からの承諾と理解を得ておく**ことは必要不可欠です。

　ヒヤリハットをすべて報告する必要はありませんが、内容やタイミングを考えて**必要に応じて家族に報告をしましょう**。

頼まれたことは喜んで？

CASE 28

　訪問介護のヘルパー A さんは利用者さんのためなら何でもやりたい奉仕精神旺盛な頑張り屋さん。利用者 B さんの掃除洗濯のサービス提供にも慣れてきて時間に余裕がでてきました。

　そこで、A さんは「今日は時間が余っているので、**庭の草むしりもしておきますね**」と**自ら進んで追加の仕事を行いました**。すると、次回の訪問時には B さんから「今日は近くのスーパーに買い物をお願いできないかな？」と頼まれました。A さんは、本来**やるべき仕事の掃除洗濯**をテキパキと終わらせて買い物へ行きました。

　B さんはとても喜び、「ありがとう！また次回も頼むね」と A さんに笑顔で言いました。

解説

　利用者の喜ぶ姿に、つい何でもやってあげたくなるヘルパー。その気持ちは介護職として素晴らしいことなのですが、実は介護保険を利用したサービスである訪問介護では『やってはいけないこと』が存在します。

　また、たとえ介護保険上『やっていいこと』とされていることであっても、訪問ごとに『やるべきこと』が決まっています。それからはみ出たサービスを行うこと自体、Bさんに適切なケアを行っているとは言えません。

●訪問介護でやってはいけないこと

　訪問介護でやってはいけないことの判断基準として、3つの条件があります。それは、『**本人以外の援助**』『**最低限の日常生活に不要なこと**』『**時間がかかりすぎること（時間の予測ができないこと）**』です。

　こちらの条件に一つでも当てはまるものは基本的に**本人から求められても**、**訪問介護でやってはいけないこと**とされています。

　例としては
●散髪　●利用者以外のための調理、買い物、洗濯、部屋の掃除　●草むしりや花の水やり　●窓やベランダ掃除　●ペットの世話　●換気扇の掃除　●仕立て直しなどの大掛かりな裁縫　●おせち料理などの特別な調理　●遠方のデパートでの買い物　●タバコやお酒など嗜好品の購入　●お歳暮などの購入　●美容院への同行　●墓参りへの同行　●金融機関での引き出し代行　●お金の管理　●家具や電気器具等の移動、修繕　●家屋の修理
　以上の内容は介護保険上やってはいけないこととされています。

●訪問時にやるべきことは訪問介護計画書を確認

　訪問介護は、ケアマネージャーが作成した**ケアプランの中で決められたケアを行うこと**となっています。また、訪問介護事業所は、ケアプランの中で訪問介護が担う部分の計画（訪問介護計画書）をサービス提供責任者が作成します。

ケアマネージャーは利用者の身体的精神的な状態・状況から考え、必要なサービス内容を決めて計画しています。そのため、訪問介護計画書で決められている内容以外は、利用者からお願いされても行うことができません。今回の事例でいうと、**訪問介護計画に入っていない『買い物』はやってはいけないケアになります。**

　『訪問介護でやってはいけないこと』に該当せず、利用者の生活に必要と思われるケアがある場合は、必要性をサービス提供責任者に報告します。そしてサービス提供責任者が、ケアマネージャーと連携を取って、ケアプランの変更を依頼します。

> 自分は良かれと思っても介護保険上では違反になる行為がある
>
> 何のための訪問なのか? 訪問介護計画に沿ったケアを意識する

介護保険上、できることとできないことを理解しておこう

　訪問介護計画に沿ってケアをすることが基本なので、訪問介護計画を確認しておきましょう。また、訪問介護としてできないことを覚えておきましょう。覚えていれば、利用者から求められても、**その場で理由を説明して断る**ことができます。

一度無理を聞いてしまうとエスカレートするリスクがある

　『これくらいいいか』と思っていても**一度では済まなくなることがあります。**会う度に少しずつ要求が増え、エスカレートすることも考えられます。

人によって対応が違うと他のヘルパーに迷惑をかけてしまう

　利用者からは「あのヘルパーはやってくれたのに」と、訪問介護計画に沿ったケアを行っているヘルパーの評価が下がる結果となり、**チームワークが乱れる原因にもなります。**

伝え方のコツ

　指導した際に「利用者が喜んでいるならいいんじゃないの?」と言ってくるヘルパーもいることでしょう。

　しかし、ここは毅然とした態度で「私たちは**介護保険制度にのっとった事業を行っている**からね。制度のルールを守った上で事業をしないといけないんだよ」「例えるなら、タクシーの運転手が誰もいないからといって信号無視したりスピードを出し過ぎたり。そんなことしたら**信用も失うし罰金や免許取り消しになるよね?訪問介護事業も同じなんだよ**」と伝え、**介護保険制度を守らないといけない意識を持ってもらいましょう。**

管理職としてのとるべき行動

　「断り切れずにやってしまった」といった報告に対しては、まず「そうだよね、断りにくいよね」とヘルパーの気持ちを受容した上で、「すぐに報告してくれてありがとう」と相手を責めることなく、報告してくれたことに感謝をします。

　そして「私から説明して断っておくから安心してくださいね」と、**管理職側が動くことを伝えて安心してもらうようにします。**

　そうすることで、今後なにかあっても不安なく相談できるようになります。反対に叱ってしまっては、些細なことなどは報告しなくなり、なにかあってもごまかして隠蔽するようになるおそれがあります。

　利用者へは**介護保険上行うことができない旨を伝えます。**ヘルパーから「断っても納得しない利用者です」と報告されていても、管理職から直接言われると案外納得してもらえるものです。**ヘルパーから報告を受けたら早いうちに利用者へ伝えましょう。**対応が遅いと「私はそんなことは言っていない!」と言ったか言っていないかの話になることがあるためです。

　また、そのようなことが度々あるようなら**ケアマネージャーにも相談しましょう。**

おわりに

　スタッフ一人ひとりがコンプライアンスを意識するようになるのは容易ではありません。

　自分自身、いくら意識してもスタッフみんなが同じように動いてくれるとは限りません。また、知識不足のために間違った指示を出してしまうこともあるでしょう。

　スタッフ全員に浸透するまでに時間がかかることもあります。そのため、まずは「共に意識し合い、学び合う」といった姿勢での関係作りが大切だと、私は思っています。

　時代の変化と共に、利用者の目やスタッフからの目も厳しくなっています。こんな時代だからこそ信頼関係が一番大切なのです。

　本書で学んだことを意識した上で、より良い関係作りを目指してください。

　一人でも多くの方が介護業界でいきいきと働けますように、心より願っております。

　そして、最後まで読んでくださった読者の方々ならびに、私の文章をチェックし監修してくださった弁護士の島田先生。イメージしやすくかわいいイラストを描いてくださった、ぽころチャレンジ様。そして最後の最後まで手直しや打合せなどで伴走してくださった第一法規株式会社の人見様。

　本書に関わってくださったみなさまに心よりお礼申し上げます。

お問い合わせ

　職場環境の改善やスタッフ研修、セミナーや講演、執筆などのご依頼につきましては下記までお問い合わせください。

[メールアドレス]
positive.happy.land@gmail.com

[公式LINE]
https://lin.ee/pooHum5

ポジティブハッピーランド
森崎 のりまさ

著者紹介

森崎 のりまさ

『仕事＝楽しい』に変える、職場いきいきコンサルタント。株式会社リープス顧問。ラジオパーソナリティ。
2002年から介護の仕事を始め、介護福祉士やケアマネージャー等の介護福祉系の資格を取得。2007年 訪問介護事業所管理者を経験。
2012年 株式会社日健マネジメントに入社、32歳で老人ホーム施設長を経験。施設長を務めていた頃、一般的に離職率が高いと言われる介護職員の『2年間退職者ゼロ』の実績を上げ、マネージャーに就任。その後、社員の教育担当・求人採用担当を経て起業。
現在『仕事＝楽しい』に変える、職場いきいきコンサルタントとして全国各地で社員研修や社員面談を行う。また、全国社会福祉協議会主催の管理職研修講師を務めるなど、職場の環境改善に尽力する。
著書『退職者を出さない管理者が必ずやっていること』SGBOOKSより出版。Amazonランキング人事部門1位獲得（2022年）。『主任看護師Style』や『月刊近代中小企業』などの専門誌や『AiDEM』で記事を執筆。

サービス・インフォメーション

――――通話無料――――

① 商品に関するご照会・お申込みのご依頼
　　TEL 0120(203)694／FAX 0120(302)640
② ご住所・ご名義等各種変更のご連絡
　　TEL 0120(203)696／FAX 0120(202)974
③ 請求・お支払いに関するご照会・ご要望
　　TEL 0120(203)695／FAX 0120(202)973

● フリーダイヤル（TEL）の受付時間は、土・日・祝日を除く
　9:00～17:30です。
● FAXは24時間受け付けておりますので、あわせてご利用ください。

管理者が知らないでは済まされない！法的トラブルを防ぐ
介護現場のコンプライアンス　ケーススタディ
―研修や指導に使えるポイント解説付―

2024年3月25日　初版発行

著　者　　森崎 のりまさ

発行者　　田中 英弥

発行所　　第一法規株式会社
　　　　　〒107-8560　東京都港区南青山2-11-17
　　　　　ホームページ　https://www.daiichihoki.co.jp/

イラスト　ぽころチャレンジ

介護コンプラ　ISBN 978-4-474-09429-1　C2036（2）